美学入門

Aesthetics: A Very Short Introduction

Bence Nanay

ベンス・ナナイ

武田宙也＝訳

人文書院

美学入門　目次

美学入門

謝辞

本書のもととなった原稿には以下の方々からコメントをいただきました。記して感謝申し上げます。Nicolas Alzetta, Alma Barner, Felicitas Becker, Constant Bonard, Chiara Brozzo, Denis Buehler, Patrick Butlin, Dan Cavedon-Taylor, Will Davies, Ryan Doran, Peter Fazekas, Gabriele Ferretti, Loraine Gerardin-Laverge, Kris Goffin, Laura Gow, John Holliday, Anna Ichino, Laszlo Koszeghy, Magdalini Koukou, Robbie Kubala, Kevin Lande, Jason Leddington, Hans Maes, Manolo Martinez, Mohan Matthen, Chris McCarroll, Regina-Nina Mion, Thomas Raleigh, Sam Rose, Maarten Steenhagen, Jakub Stejskal, Lu Teng, Gerardo Viera, Allert Van Westen, Dan Williams, Nick Wiltsher, Nick Young および匿名の査読者。三バージョンの原稿をすべて読んでくれたドミニク・ロペスにはとりわけ感謝しています。執筆に当たっては以下の支援を受けました。the ERC Consolidator grant ［726251］, the FWO Odysseus grant ［G.0020.12N］, the FWO research grant ［G0C7416N］.

第一章　美術館で迷子

美術館へ行き、三〇分並んで二〇ドル払います。そうして展示作品を見ますが、何の感慨もわきません。懸命にがんばってみます。作品の横の札を読み、音声ガイドまで使ってみる。まだ何も感じません。どうしましょう。

ひょっとすると、あなたはこの特定のアーティストにあまり興味がないだけかもしれません。あるいは絵画一般や芸術にあまり興味がないのかもしれません。けれども、別の機会には、あなたは確かに芸術を見て楽しんでいました。そして、まさにこのアーティストの絵を、ひょっとするとこれとまったく同じ絵を見ることをさえ楽しんでいたかもしれないのです。でも今日は、何らかの理由でそれが起こっていません。

覚えがありそうでしょうか。私たちは皆、こうしたことに苦労してきました。美術館ではなくコンサートホールかもしれませんし、眠る前に小説を読もうとしているときかもしれません。芸術とのかかわりは非常にやりがいのあるものですが、いとも容易《たやす》くうまくいかなくなることもあります。そして、この両者の境界線は非常に細いのです。

美学という話題を始めるに当たってこうした例を取り上げるのは、当該の状況において私たちがしようとしているのが、本書が主題とする一種の経験だからです。そして、それができない（けれどもしようとしている）ということから、これらの経験とは何なのか、そしてそれが私たち皆にとってどれほど重要なのかということが、まさに突き止められるのです。

芸術を例に挙げましたが、これは山頂からの眺めを楽しもうとしたり、意味もなくグルメな料理を味わおうとしたりするときにも起こりうることです。（芸術、自然、料理への）美的関与は、苦難の道のりとなることがあるのです。

非エリート主義的美学

美学の主題は、ある種の特別な経験です。私たちはこの経験を大いに気にかけます。ギリシア語の「アイステーシス」は「知覚」を意味し、ドイツの哲学者アレクサンダー・バウムガルテン（一七一四〜六二年）が一七五〇年に「美学」の概念を導入したとき、彼がこの概念によって言わんとしたのは、まさに感性的経験の学（scientia cognitionis sensitivae〔ただし、通常この語は「感性的認識の学」と訳される〕）のことでした。

美学が語る経験は、あるスペクトル上で起こるものです。私たちには、他の経験よりも気にかかる経験があります。美術館における作品経験やオペラ公演の経験だけではありません。仕事帰りの公園で見かける紅葉の経験や、キッチンテーブルに射し込むただの夕日の経験でさえそうです。しかし美学においては、今日着るシャツを選ぶときや、スープにもっと胡椒を入れるべきか迷うときの経験もまた重要なのです。美学はどこにでもあります。それは私たちの生活の最も重要な側面の一つなのです。

アーティストや音楽家、哲学者でさえも、美学はあまりにもエリート主義的だと考えることがあります。それは、この主題に関する誤解に基づくものであり、本書はこの誤解を正すことを目的としています。いわゆる「高級芸術《ハイ・アート》」は、シットコム〔シチュエーション・コメディの略。固定的な登場人物たちが毎回さまざまな状況に巻き込まれる様を描く、一話完結の連続コメディドラマ〕、タトゥー、パンク・ロックと同じく、美学に対する当然の権利を有するわけではありません。また美学の範囲は、高い《ハイ》か低い《ロー》かといった芸術の範囲よりもはるかに広いものです。それは私たちが生活の中で気にかけることのほとんどを含むのです。

ポーランドの前衛小説家、ヴィトルド・ゴンブローヴィッチ（一九〇四〜六九年）は、この感情を非常にエレガントに表現しています。

料理はつねに一流のレストランで最高の味がするとは限らない。私にとっての芸術とは、不完全で、偶発的で、断片的な仕方で現れるときに、何らかの形でその存在を示し、場違いな解釈を通じてそれを感じることができるときに、ほとんどの場合、より力強く語るものである。私は、開け放たれた窓から路上にいる自分に届くショパンのほうが、コンサートステージから壮麗な様式で供されるショパンよりも好きだ。

どの作品がよくてどの作品が悪いかを教えるのは美学の仕事ではありません。また、路上のショパンかコンサートホールのショパンかというように、どのような経験に価値があるのかを教えるのも美学の仕事ではありません。ある経験があなたにとって価値のあるものであれば、その経験は美学の主題となる可能性があります。美的な興奮とは、それが見出されるところで得られるものです。美学とは、どの経験が許され、どの経験が許されないかを教える携帯用図鑑《フィールドガイド》ではありません。また、経験を見つけるのを助ける地図でもありません。美学とは、こうした経験をすることがいかなる意味を持つのかを分析する方法です。美学とは、完全に非判断的なものであり、またそうであるべきなのです。

想像力に訴える例を挙げてみましょう。フランスの画家フェルナン・レジェ（一八八一〜一九五五年）は、仕立て屋の主人が一七着のベストを、それに合うカフスボタンやネクタイとともにショーウインドーに並べるのを、友人と一緒に観察した様子を記述しています。仕立て屋は、それぞれのベストに一一分費やしました。彼はそれを数ミリ左に動かしてから外に出て、店の前で眺めました。それから店に戻って、少し右に動かしたりしました。彼は夢中になりすぎて、レジェと友人が自分を見ていることに気づきすらしませんでした。レジェは、この年老いた仕立て屋と同じくらいみずからの作品に美的関心を持つ画家は、はたしてどれほどいるだろうかと考えながら、いささか屈辱的な気分になっていました。きっと、美術館によく行く人で作品に美的関心を持つ人となると、さらに少ないでしょう。レジェの言いたかったことは――それは本書の指導原理でもあるのですが――、仕立て屋の経験は、美術館によく行く人がレジェの絵画を鑑賞する経験と同じくらい、美的と呼ぶに値するものだ、ということです。

このように包摂的《インクルーシブ》な仕方で美学について考えることによって、美的関与の社会的側面や、私たち自身にとっての美的価値の重要性に関する積年の問題を理解するための新たな道が開かれます。またそれによって、「西洋」の優位性を前提としない、真にグローバルな仕方で芸術や美学について考えることができるようになります。

美学か芸術哲学か

美学と芸術哲学は別のものです。芸術哲学の主題は芸術です。美学の主題は芸術を含む多くのものです。しかし美学においては、息をのむような絶景や、オフィスの向かいの壁に映る影の模様といった経験もまた重要なのです。

本書の主題は美学です。その結果、芸術哲学の本よりも範囲が広くも狭くもなっています。芸術哲学は、芸術に関する多種多様な哲学的問題――形而上学的問題、言語学的問題、政治的問題、倫理的問題など――について語ります。本書はこれらの問題にはほとんど触れません。たとえば芸術の定義論、つまり芸術作品が世界の他のあらゆるものとどのように違うのかといった話はしません。

アメリカの抽象画家バーネット・ニューマン（一九〇五〜七〇年）は、鳥類学が鳥にとって無意味であるのと同じく、美学はアーティストにとって無意味なものである、という有名な言葉を残しています。このあからさまな挑発において、鳥類学に相当するのは芸術哲学であり、美学ではないことは明らかなはずです。芸術作品を分類したり、さまざまな種類やジャンルの違いについてあれこれ考えたりするのは芸術哲学であって美学ではありません。ですからニューマンの皮肉は、実のところ芸術哲学についてのものであり、美学についてのものではないのです。美学とは、アーティストが扱い、呼び起こそうとしている当の経験についての学問であり、あらゆるアーティストにとって非常に重要なものです。

しかしもちろん、芸術作品はあらゆる種類の経験を引き起こす可能性があり、美学はこれらすべてについて語るわけではありません。美術品泥棒は、みずからが盗む作品について何らかの経験をすると思いますが、それは本書が主題とするような経験ではなさそうです。あるいは、メトロポリタン美術館を隅から隅まで走り回って、署名入りの絵画がいくつあるか数えたら、大金をあげると私が約束することを想像してみてください。皆さんはきっとそれを達成できるでしょうが、それによって美的な精神状態になることは——美的な精神状態というものをどれほど広く理解したとしても——厳密にはありません。

私たちは芸術作品に美的にかかわりますが、他のあらゆる種類の仕方でもかかわります。また、私たちが美的にかかわるものは他にもたくさんあります。（本書を通じて私は、「美的経験」と「美的関与」を多かれ少なかれ同じような意味で使っていますが、美的関与とは私たちが行うものであり、美的経験とは私たちが美的関与をしているあいだに感じるものであることは認めます。）芸術と美学はワンセットのものではありません。しかし、だからといって、そのつながりを完全に無視すべきでもありません。美的にかけがえのない瞬間の多くは、芸術とのかかわりから生まれるのです。

言い換えれば、芸術は美学の重要な対象ですが、けっして特権的なものではありません。「西洋」美学において影響力のある一派によれば、芸術——正確には高級芸術——への美的関与は、他のいかなるものへの美的関与ともまったく異なるといいます。こうした考え方は、私たちの生活における美的瞬間の重要性や妥当性を制限するという意味において美学を低く見積もるだけでなく、ほとんどすべての非「西洋」美学の伝統にも反するものです。そして本書は、美学の非常に短い入門書《ベリー・ショート・イントロダクション》であって、歴史的に重要ではあるものの、極めて特殊な美学的伝統、つまり「西洋」美学の非常に短い入門書ではないのです。

非「西洋」の美学

人工物は世界中のいたるところで作られてきました。音楽や物語も。にもかかわらず、世界のほとんどどの大美術館に行っても、「西洋」（つまりヨーロッパと、近代美術館の場合もしかすると北米も——ちなみに本書を通じて「西洋」が鉤括弧付きなのは、「西洋」というのがもちろん単一概念ではないことを示すためです）で作られたものに出会う可能性が高いです。もし皆さんが世界の他の地域のものを探している場合、遠く離れた翼《よく》に行かなければならないことも多いですし、ときには別の美術館に行かなければならないことさえあります。しかし芸術は「西洋」の占有物ではありませんし、それは美学についても同じです。

芸術経験は世界中で理論化されてきました。美学に関するヨーロッパ流の考え方に固執することは、美術館でヨーロッパの作品だけを展示するのと同じくらい偏ったことでしょう。イスラム、日本、中国、インドネシア、アフリカ、シュメール＝アッシリア、先コロンブス期のアメリカ、サンスクリット、バリの美学はいずれも、芸術やその他の物事の経験に関する非常に重要な知見に満ちた、信じられないほど洗練された思考体系です。美学に関するいかなる書物も、それらを無視すべきではありません。

実際、「西洋」美学のほうが、多くの点で外れ値なのです——判断や高級芸術の重視（あるいは強迫観念と言うべきでしょうか）や、美的関与をその社会的文脈から切り離すことの重視によって。本書は、あらゆる美学的伝統を扱うふりをするつもりはありません。しかし「西洋」特有の考えに焦点を当てるつもりもありません。こうした考えは、それを思いついた死んだ白人男性の威光にもかかわらず、世界の他地域との共鳴に明らかに失敗しているからです。

第二章　セックス、ドラッグ、ロックンロール

何らかの意味で美的とみなされるような経験にはさまざまなものがあります。お気に入りの曲を聴いたり、お気に入りの映画を観たりするだけではありません。YouTube で「最高のゴール」集を観たり、最終的に一足の靴を選んだり、コーヒーメーカーをキッチンカウンターのどこに置くか決めたり、といったこともそこに含まれます。これらすべてに共通するものを見つけるのは相当な難題です。

またもちろん、人はそこまで包摂的《インクルーシブ》ではないでしょう。哲学者たちはしばしば、芸術経験を、ドラッグがもたらす経験や性的興奮を伴う経験と（そしてまた、「ロックンロール」という言葉がよく表しているとされる、乱痴気騒ぎのような快楽主義的な経験一般とも）対比させることがあります。それゆえ美学についての伝統的な考え方は、セックスやドラッグは

除外されるがヘアスタイルや音楽は入るというように、美的なものと美的でないものとのあいだになんとか線を引かなければならない、としてきました。このようなことは、どうすれば可能でしょうか。

私はこのセックス、ドラッグ、ロックンロールの問題を、美学に対する最も重要なアプローチを紹介するための背景として用います。実のところ私は、美的経験とセックス、ドラッグ、ロックンロールの区別を擁護できるとは考えていません。あらゆる物事は美的な仕方で経験されることがありますし、たとえばドラッグがもたらす経験のうちには、美的と十分みなされるものがあるかもしれません。しかし、美学へのこうしたアプローチを検討することで、美的なものと美的でないものを別々にしておくことがいかに難しいか理解するのに役立ちます。

本章では、美、快楽、感情、「それ自体として価値を認めること」に焦点を当てつつ、四つの有力な美学説についてお話しします。それらを退けたり、それらがうまくいっていないことを示したりするためだけではありません。また、それらを笑いものにするためでもありません。四つの美学説についてお話しするのは、その一つひとつに、美学の領域をどのように考えるべきか、またどのように考えるべきではないのかについての、真に重要なもののヒントが含まれているからです。

美？

美学について最も広く共有されている見解は、美学の主題は美だというものです。通りをちょっと見渡してみてください。「エステティクス［aesthetics］」という言葉が決まって見られるのは美容室です。また、哲学の専門分野としての美学が何を主題とするのか説明しようとするときには美容室アプローチのようなものを取りたくなります。それによれば、一般にあるものは美しく、他のものは美しくないと考えられます。美学は、それらを別々にしておくのに役立ちますし、ひょっとすると美しいものが美しい理由を説明するのにさえ役立つかもしれません。

私がこれを「美容室アプローチ」と呼ぶのは、美容外科やネイル・ビジネスにおいては、何が美しくて何が美しくないのかに関してかなり明確な考えがあるからです。実際、その主たる目的は、それほど美しくないものをより美しいものに変えることです。そして、美学の主題は美であると考えている人々の多くは、美しいものと美しくないものとのあいだには世界共通の境界線がある、という似たような思い込みを抱いています。

美容室アプローチは、セックス、ドラッグ、ロックンロールの問題を、ほとんど努力を要さず解決します。美的経験とは美しい物事の経験です。ドラッグがもたらす経験や性的経験、あるいはロックンロールの経験は、美しい物事の経験ではありません。したがってそれらは美的とはみなされないでしょう。

こうした考え方の説教くさく、決めつけるようなニュアンス（ロックンロールは悪魔の音楽であり、マリファナは悪魔の作物であり、セックスはまあセックスだ）をあざ笑うのはいとも容易いでしょうが、重要なのは、美容室アプローチの真の問題は、それが美しいものと美しくないもののあいだに、エリート主義的ないし上品ぶった仕方で境界線を引くことではない、ということです。真の問題は、どんなものであれ、そうした境界線を引く、ということなのです。

美しいこととは、たとえば赤いこととは非常に異なります。世の中のあらゆるものは、赤いものと赤くないものという二つの山に分類することができます。これはあまり意味のないことかもしれませんが、できるでしょう。しかし、世の中のあらゆるものを、美しいものの山とそれ以外のものの山、つまり美しくないものの山に分類することはできません。少なくとも、美と美学のあいだに何かしらの関係があることを望むのであれば、できません。オスカー・ワイルド（一八五四〜一九〇〇年）が言うように、「光と影に関する、あるいは他の事物との近さに関する特定の条件下で美しく見えないほど醜いものはないし、また特定の条件下で醜く見えないほど美しいものもない」のです。

要するに、美とは、どんな状況でも、どんな観察者にとってもつねに変わらない物体的特徴ではないということです。この概念が美学において少しでも有用であろうとするならば、それは美のはかない性質や、オスカー・ワイルドが正しく述べたように、私たちがあるものを美しいと思うこともあれば、思わないこともあるという事実をとらえることができなければなりません。このことは、第五章で立ち戻ることになる、美は見る人の目の中にあるか否か、という議論とは何の関係もありません。たとえ美が見る人の目の中にはないとしても、たとえそれがある意味で「客観的」なものだとしても、それはどのような状況で出会うかに大いに影響を受けます。美容室アプローチは、この状況に対する過敏さを説明することができないのです。

美容室アプローチは「西洋」の美学史の大部分を支配してきましたが、美に関してはそれが唯一のアプローチというわけではありません。ここで、簡潔な格言に要約されるオルタナティヴをご紹介しましょう。それは、「あらゆるものは美しいが、その美は誰にでも見えるわけではない」という、誤って（しかし絶えず）孔子（前五五一〜四七九年）に帰されてきた格言です。美しいものと美しくないものという二つの山があるわけではありません。あるのは一つの山だけなのです。

さまざまな傾向の前衛も、こうした考え方の意見を支持しています。レジェに話を戻せば、彼もまた、いかなる種類の「美のヒエラルキー」にも反対しています。想像力に訴える彼の言葉を引用してみましょう。

美はどこにでもある。おそらく一八世紀のリビングルームや形式張った美術館よりも、キッチンの白壁を背にした片手鍋《ソースパン》の並べ方の中に。

そうすると、どんなものでも美しく見えることがあるし、美学の主題とはまさにこれら美しい経験であると考えられます。しかし、ある経験が美的なものになるのは、私たちが経験するものが美しいからではなく、それをある特定の仕方で経験するからです（私たちは、どんなものであれ経験するものを美しいものとして経験するのです）。ある経験を美的なものにするのは、経験の対象ではなく、むしろ経験の仕方なのです。

このアプローチは、本書の出発点である反エリート主義的で非判断的な感情をよくとらえるものですが、ここにはぺてんがあります。このような仕方で美と美学を結びつけると、実のところ美の概念は余計なものになってしまいます。こうした話は美についてまったく語らずともできるのです。美は経験の特質を表す代用語《プレースホルダー》にすぎず、あまり有用な代用語でもありません。もし美学の主題が、物事を、どんなものであれ美しいものとして経験することであるとしたら、私たちはそれがどういう意味か知りたいと思うでしょう。どうやって物事を美しいものとして経験するのでしょうか。私は美術館で絵画を見ていますが、私の経験はまったく美的なものになっていません。どうやってそれを美的経験にするのでしょうか。美しいものとして経験すればよいのでしょうか。これはあまり有用なアドバイスではありません。

美容室アプローチは、少なくとも美的経験と非美的経験（よく言われるところでは、セックス、ドラッグ、ロックンロールのような経験）を区別する方法を与えてくれました。あまりよい方法ではありませんが、それでも一つの方法ではあります。私が孔子やレジェと結びつけたより民主主義的なアプローチは、それ自体で美的経験について多くを教えてくれるわけではありません。もしこの道を選んだとしても、（ほかならぬ）ある経験を、美しいものとしての経験にするのが何なのかについては、説明しなければならないことがまだたくさんあります。そして、もしそれを説明することができるとすれば、当該の説明における「美」への言及はいずれも、たいして役に立たないラベルにすぎないものとなってしまうでしょう。

にもかかわらず、民主主義版の「美」説は、私たちに真に重要なことを教えてくれました。美的なものもあれば美的でないものもある、ということではありません。あらゆるもの（まあ、ほとんどあらゆるもの）が、美的関与を引き起こしうる、ということです。また、傑作であっても、つねにそれを引き起こすようなものはない、ということです。大きな問題は、この種の美的関与と、それが引き起こされる仕方をどのように説明しうるかということです。この経験がどのようなものであるか思い起こさせるのに役立つものとして、「それを美しいものとして経験する」というラベルを使うことはできます。しかし、それはこの経験を説明するものではありません。

私たちは、まったく同じ対象を美しいものとして経験することも、美しくないものとして経験することもできます。前者は美的経験であり後者は美的経験ではありません。そして「美」説は、まさにこの違いを説明する必要があります。この説明はおそらく、経験の展開の仕方や、場合によっては注意や感情の働かせ方と関係があるでしょう。しかし美とはほとんど関係がないのです。

快楽?

美的なものと美的でないものの違いについて語るときによく使われるもう一つの重要な概念は快楽です。それによれば、一般に美学の主題は快楽であると考えられます。美的でないものは快楽にかかわりません。美的経験とは(言うまでもなく、つねにではありませんが、多くの場合)愉快な経験であり、ゆえに私たちはそれを経験したがる、というわけです。そこに含まれる快楽について理解すれば、何がある経験を美的なものにするのか理解することができるのではないでしょうか。

あらゆる快楽が美的なものというわけではありません。イマヌエル・カント(一七二四〜一八〇四年)は、美的快楽に特有なものとは、それが無関心なことである、という主張を長々と論じました。また、まさにこの「無関心な快楽」が何を意味するかについて、何百万ページもの論文が書かれました。本書は、カント研究に屋上屋を架す代わりに、快楽の心理学から始めたいと思います。

心理学者は二種類の快楽を区別します。一つ目の快楽は、何か不快なことがやむときに感じるものです。私はこれを「安堵の快楽」と呼びますが、それはこの快楽が、心の動揺期間のあとに身体が正常な状態に戻ることによって引き起こされるからです。つまり、皆さんが猛烈にお腹を空かせていて、ようやく食べ物にありつくことができた場合、そこで感じる快楽は安堵の快楽です。皆さんの身体は空腹になる前の正常な状態に戻るのです。

安堵の快楽は短命です。不快なことが終わると快楽は安堵のときをしるしづけます。しかしそれはほんの一瞬にすぎません。また、安堵の快楽は何かの動機となることはありません。それは私たちがすることの結果ではあるかもしれませんが、私たちにさらに何かをさせることはないのです。

これを私が「持続の快楽」と呼ぶものと比較してみてください。持続の快楽は、いましていることを続ける気にさせます。それは活動を持続させるのです。私たちは浜辺を散歩していて、とても愉快です。それは何からの解放でもありません。ただ気持ちがいいだけです。それは安堵の快楽と異なり長時間続くことがあります。そして私たちを歩き続ける気にさせるのです。

カナダの哲学者モハン・マテン（一九四八年〜）がこの心理学的な区別に基づきつつ指

摘するように、同一の活動が、ある状況では安堵の快楽をもたらし、別の状況では持続の快楽をもたらすことがあります。食事はよい例です。一日中何も食べなかったあとではじめて何かを口にするとき、食事は安堵の快楽をもたらすことがあります。しかし、グルメな食事を楽しんでいる場合、それは持続の快楽をもたらすこともあります。

　美的快楽は概して持続の快楽です。ある絵画を見ているとき、そこから感じる快楽が当該の絵を見続けようという気にさせます。それは、まさに浜辺の散歩と同様、しばりのない《オープン・エンディド》活動です。快楽は絵画にかかわり続ける支えとなります。そこから立ち去りがたくなることさえあります。

　ここから、セックス、ドラッグ、ロックンロールの問題をめぐる複雑な状況が生じます。性的活動やドラッグ由来の活動には、持続の快楽をもたらすものがあります。それゆえ私たちは、セックスやドラッグを十把一絡げにただ拒絶して、美的活動のエリートグループから除外することはできません。私は、これが快楽説の利点だと思います。私には、性的経験やドラッグ由来の経験に美的とみなされないものがある理由がわからないのです。また快楽説は、ほかならぬいくつかの性的経験やドラッグ由来の経験を適格なものにする、すなわち持続の快楽にするのは何なのかについて、ヒントを与えてくれさえします。

持続の快楽がいかに進行中の活動の動機となり、それを助けるのかについては、かなり多くの心理学的研究が存在します。一例が飲むという行為です。好きな種類の飲み物をある程度飲むと持続の快楽が起こることがあります。一口含んで、場合によっては口中を一巡りさせて飲み込んで、また一口含んで……という仕方で快楽を得るのです。そこには一定のリズムがあり、またこの活動から得られる快楽は、このリズムを持続させますが、それを微調整もします。

飲むという行為の場合、このリズムにかかわる生理学的メカニズムについては多くのことが知られています。たとえば、さまざまな筋肉の働きがいかに同期することで、飲むという行為にかかわるプロセスがシームレスに連携するのかといったことです。しかしそれは、美的関与の場合にはどのように起こるのでしょうか。首の筋肉の働きに相当するものは何でしょうか。結局のところ、ほとんどの美的関与には、いかなる筋肉も直接かかわることはありません。

持続の快楽は、注意をコントロールすることによって、進行中の美的関与を動機づけたり微調整したりします。ほとんどの美的関与には、いかなる筋肉も直接かかわることはありませんが、注意は大いにかかわります。あなたがその絵を見ているとき、そこから得られる快楽によって、あなたの注意はかかわり続けるようになります。それゆえ、美的快楽を持続の快楽として説明するのであれば、美的関与において注意力がどのように行使されるのかについて説明する必要があります。

持続の快楽が持続させるのがどのような種類の注意であるのかを真に明らかにすべきである重要な理由の一つは、フェミニズムの映画理論からわかります。イギリスの映画理論家ローラ・マルヴィ（一九四一年〜）は、非常に影響力のある試論「視覚的快楽と物語映画」の中で、主流の映画はほとんどつねに「視覚的快楽」を誘発しようとするが、それは概して窃視症という男性的な視覚的快楽であると論じています。観客が共感するように仕向けられる主人公は男性の傾向があり、私たちはしばしばこの男性主人公の目を通して映画に登場する女性たちを見るよう仕向けられます。この高度に性別化《セクシュアライズ》された、マルヴィが言うところの「男性のまなざし」こそ物語映画の視覚的快楽を構成するものなのです。

この「視覚的快楽」は紛うかたなく持続の快楽ですが（それは私たちが見続けるよう仕向けます）、美学が語る無関心な美的快楽のようなものとは非常に異なることは言うまでもありません。それゆえ、快楽説が美的快楽と非美的快楽を別々にしておくためには、さらに語る必要が間違いなくあります。そして繰り返しになりますが、この説明の大部分は、快楽が維持するところの精神的活動とかかわりますし、この精神的活動は、私たちが注意を向けているもの（および注意の向け方）と大いにかかわるでしょう。

感情？

美的領域の輪郭を描くための第三のアプローチは、感情に焦点を当てるものです。それによれば、一般に美的経験とは感情的経験であると考えられます。それゆえ、何が美的経験を他の種類の経験と異なるものにするのか理解することは、そこでいかなる種類の感情が引き起こされるのか理解することとなるでしょう。

アイルランドの小説家アイリス・マードック（一九一九～九九年）は、文学（および芸術一般）を「特定の感情を喚起するための訓練された技術のようなもの」とみなしました。また、二〇世紀の最も影響力のある美術史家の一人であるジョージ・クブラー（一九一二～九六年）は、芸術に関する一つのシンプルな考え方は、それを「感情的経験のために作られた物体」と考えることであろう、と述べました。芸術についての社会学的な評価としては、この言葉は二〇一九年よりも、クブラーがそれを書いた一九五九年のほうが説得的に響いたかもしれません。というのも、現代アートの大半は感情からできるだけ距離を取ろうとし、（コンセプチュアル・アートやオプ・アートの場合のように）たんなる知的な関与や、ときにはたんなる知覚的な関与を好むようになっているからです。しかし、マードックやクブラーの主張を芸術ではなく美的関与についてのものと受け取るならば、それは要するに美的経験を感情的経験とみなすということです。

問題は、いかなる種類の感情がかかわっているのか、ということです。あらゆる美的関与に、つねに同じ種類の感情がかかわるのでしょうか。あるいは、関与の対象や仕方によって、さまざまな感情がかかわってくるのでしょうか。

より極端な意見としては、美的関与のあらゆる場面において私たちが抱くのはつねに同じ感情である、というものがあります。私たちが当該の感情を抱けばそれは美的関与であり、抱かなければ美的関与ではない、というわけです。ただ、この「美的感情」とはどのようなものでしょうか。驚きや感動から形式的特徴の熟考に至るまで、候補には事欠きません。とはいえ、これらの感情のいずれも存在しない美的関与の例を思いつくことは容易です。

美的関与の顕著な特徴の一つにその多様性があります。グランドキャニオンの美的経験とビリー・ホリデイの歌の美的経験では、非常に異なる感情を伴うでしょう。これらすべての場合に抱かれるただ一つの包括的な感情を探すとすれば、美学の多様性を無視したり覆い隠したりすることになるでしょう。

また、同じ対象であっても、異なる状況下では非常に異なる感情を引き起こすことがあります。芸術にまつわる話で、これまで聞いた中で最も奇妙なものの一つは、とても仲のよい友人のエピソードです。彼女は、毎回最初のデートのあとでサンフランシスコ近代美術館に行き、新しい恋人候補について自分がどう感じているか把握するために、とても大きなマーク・ロスコ絵画の前に座りました。それは誰かについて考えるための環境というだけではありませんでした。それは、直前の出会いの影響を反映した、絵に対する彼女の反応だったのです。聞くところによると、そうした機会にこの大型抽象絵画が喚起した感情は、大変さまざまだったそうです。一枚の絵画の美的経験がこれほど多様な感情を引き起こしうるとしたら、いかにしてあらゆる美的関与をただ一種類の特別な「美的感情」という包括的なものにまとめることができるでしょうか。

とはいえ、美的関与が感情的なものでありうることや、多くの場合、現に感情的なものであることは否定できません。人は芸術で涙を流すことがあります。自然で涙を流すこともあります。美学と感情の結びつきについては、イスラムやサンスクリットの美学から日本や中国の美学に至るまで、あらゆる美学の伝統が語るところです。

美的経験に関するいかなる理論も、感情の重要性を認める必要があるでしょう。しかしだからといって、感情はある経験が美的経験となるか否かを決する条件というわけではありません。美的関与だけが感情的なものでしょうか。もちろん違います。セックス、ドラッグ、ロックンロールは非常に感情的なものになることがあります。ことによると、私がここまで用いてきた美的な例のいくつかよりもずっと感情的なものになるかもしれません。また、私たちがすることのほとんどすべては、ある意味では感情に満ちたものと言えるでしょう。それゆえ、感情を重視することは、美的なものの何が特別なのかを探す際には、あまり役に立たないでしょう。

逆に言えば、美的関与はつねに感情的なものでしょうか。ポルトガルの詩人・作家のフェルナンド・ペソア（一八八八〜一九三五年）が、みずからの美的経験を「思考も感情もなく漂い、みずからの感覚だけに注意を払うこと」と表現するとき、これは感情が後景に退く、なじみ深い形式の美的関与のように思われます。少なくともいくつかの美的経験の場合、感情的なものではなく感覚的なものが優勢になっているのです。

「美的感情」のための例とされるものの一つである形式的特徴の熟考でさえ、感情的なものではなく知覚的なものと考えられるかもしれません。たとえば、アメリカの美術批評家スーザン・ソンタグ（一九三三〜二〇〇四年）は、美的経験とは「憤りや好意を超えた、冷静《デタッチト》で、安らかで、熟考的で、感情から自由なもの」であると述べています。

感情は、美的経験を美的なものにするものではないかもしれません。しかし、美学の感情説は、感情がいかに美的経験の決定的な部分となりうるかを強調する点において、依然として重要なものです。どんな美学理論も、感情的経験と美的経験がいかに絡み合いうるのか、また現にしばしば絡み合っているのかについて語る必要があります。

それ自体のために？

スーザン・ソンタグは、距離を置いた《デタッチト》ものとしての美的経験について語っています。それが距離を置くのは感情だけでなく、憤り、好意、実用的な考慮といったものです。そしてこれが、美的なものと美的でないものを別々にしておくためのポピュラーな候補のうち最後のものです。美的関与とはそれ自体のための関与である、というわけです。私たちはそれを、何か他の、さらなる目標を達成するために行うのではありません。私たちがそれをするのは美的な興奮のためだけなのです。

この提案にはたくさんの風味《フレーバー》のものがあります。それ自体として価値を認めることについて語る人もいます。私たちは美的経験をするとき、経験しているもの（あるいはことによると経験そのもの）の価値をそれ自体として認めるというのです。個人的には、美的経験をするときに、物事の価値をそれ自体として認めているかどうかはおろか、何らかのものの価値を認めているかどうかさえ定かでないので、こうした論理については多くを語りません。いずれにせよ、それは価値の理論に依存するでしょうし、私はここでそうした厄介な問題に手を付けるつもりは毛頭ありません。一筋の日の光の中を舞う塵《ちり》の点々を見つめるとき、私は何の価値を認めるのでしょうか。塵の点々の価値でしょうか。あるいはみずからの経験の価値を認めるのでしょうか。みずからの経験の価値を認めるとはどういうことでしょうか。その経験をしたがるということでしょうか。その経験にいいね！《サムズアップ》をすることでしょうか。価値を認めることという概念に頼らずに「それ自体のために」説を定式化できるのであれば、ぜひそうすべきです。

　しかし私たちは、価値について語ることなく、美的関与をするときにみずからがしていることをしている理由だけに焦点を当てることもできます。私たちは何か別のことを達成しようとしているのでしょうか、あるいはそれ自体のためだけにそれをしているのでしょうか。もし文学の授業で試験に合格するために小説を読むとすれば、他の何か（試験に合格すること）を達成するためにあること（小説を読むこと）をすることになります。もし小説を読むことだけを目的として小説を読むのであれば、それは美的な領域により近いものとなります。ただ、文学の授業のために読み始めたとしても、美的経験が始まることはあります。その場合、私は純粋にそれ自体のために読書をしているわけではありませんが、それでもやはり読書に美的にかかわってはいます。また、純粋にそれ自体のためにしていないからといって、私の関与がそこまで美的でない、というわけでは必ずしもありません。こうした中間的なケースは、「それ自体のためにそれをすること」が美学の聖杯ではないことを示しています。

「それ自体のために」という直観をとらえるための方法がもう一つあります。いくつかの活動は、終点や目標に達した場合にのみ意味があります。それは何かを達成するために行われます。それは完遂すべきものなのです。ちょっとだけすることはできません。マラソンを四時間以内で走る、というように、達成すべき目標があるわけです。

この種の活動には二つの選択肢があります。目標を達成するかしないかです。達成しない場合、挫折した欲求が――やはり挫折しそうな――さらに強い欲求を引き起こします。

達成した場合、今度は四時間ではダメで、三時間四五分が新たな目標となり、その次は三時間半になり……というのが続きます。登るべきさらに高い山がつねにあるのです。

幸いなことに、あらゆる活動がこのようなわけではありません。他の活動には、ちょっとだけしてもよいものもあります。それは完遂しなかったとしても意味があります。走るために走る、というように、目標を達成するために行われるものではないのです。

トロフィーのためにすることもあれば、プロセスそれ自体のためにすることもあります。私たちには両方が必要です。何かを達成するためのいかなるプレッシャーもなく、何をしていてもそのプロセスをただ楽しむことができるような仕事をしている人はほとんどいません。そこにはつねに目標、締め切り、昇進基準があります。

また、自由な時間においてさえ、私たちのすることの大半は、何らかの非常に特定の目標に向けられています。私たちは、ただ漫然と料理をするのではなく、友人に提供するという最終的な目的を持って料理をします。つまり私たちは、達成のために行う活動を避けることはできないのです。しかし、達成のために行う活動と、プロセスそれ自体のために行う活動とのあいだには、健全なバランスが必要です。

美的関与はトロフィー活動ではありません。それは、うまく行けばプロセス活動になります。トロフィーのためにするわけではないのです。それは目標や終点を持たないため、たとえ目標や終点に至るまでやり抜かなくてもする意味があります。絵画をちょっとだけ見てもいいのです。こうした活動には、自然な（あるいは不自然な）終点がありません。美的関与とはしばりのない活動なのです。

美的関与に関するいかなる理論も、美的関与がトロフィー活動ではなく、しばりのないものやプロセスであるという、この重要な特徴を説明する必要があります。とはいえ、この特徴は美的なものと美的でないものを隔てる分割のしるしというわけでもないでしょう。私は絵画鑑賞のような例に焦点を当ててきましたが、この活動には本当に終点がありません。しかし、終点がある美的関与の例もあります。ソナタや映画には非常に自然な終点があります。つまり、それが終わるときです。私たちはそれが終わったあともそれについて考えることはできますが、あるとても重要な意味において、経験そのものには終点があるのです。この点で、こうした美的活動は時間にしばられない絵画鑑賞とは大いに異なります。

それゆえ、プロセス活動は美的関与のいくつかのケースの重要な側面ではありますが、あらゆる美的関与の普遍的な特徴ではありません。目標に向けられたものもあれば、そうでないものもある、というように、美的関与というカテゴリー内で区別はできるかもしれません。しかし、目標指向性の欠如は、このカテゴリーを規定するものではないのです。

ではセックス、ドラッグ、ロックンロールの問題はどうなるでしょうか。快楽を中心にした説の場合と同様、それ自体のために物事を行うことの重視もまた、性的経験やドラッグ由来の経験のカテゴリーを除外することはありません。オルダス・ハクスリー（一八九四〜一九六三年）は、まさに美的経験が距離を置いたものであるように、自身のドラッグ由来の経験がいかに距離を置いたものであるのかをめぐって一冊の本を書いています。やはり私は、これがセックスやドラッグに対する正しいアプローチだと考えます。それらの中には美学の領域に属するものがあるはずなのです。にもかかわらず、美学に対する四つの標準的なアプローチは、この領域が正確にはどこからはじまり、どこで終わるのかをいまだ明確に説明することができていません。

「それ自体のために」説は、明らかに美的経験の重要な側面をとらえていますが、これが唯一の重要な側面というわけではありません。美的なものと美的でないものの区別に関する最終的な説がどのようなものになるにせよ、それは、それ自体のためにしばりのない仕方で物事を行うことの重要性をよくとらえる必要があります。

注意？

「美」説から私たちが学んだことは、美容室アプローチを脇に置くならば、美学とは多くの場合、物事を美しいものとして経験することを主題とする、ということです。そこでは、「美しいものとして」というのが経験のある特徴を表す代用語となっていますが、いかなる美学理論もこの代用語を埋める必要があります。感情を中心にした説は経験における感情の重要性を際立たせますが、美的経験が感情からまさにどのような影響を受けるのかについては、いまだ解明の余地があります。

快楽に基づく説は持続の快楽の重要性を強調しますが、そうした持続の快楽にいかなる種類の注意がかかわっているのかを詳述できなければ、この説は不完全です。また「それ自体のために」説は、価値を認めるという概念を捨てさえすれば、しばりがなく、距離を置いたプロセス活動の重要性を押し出すものとなります。

次章では、これらの説はみな同じ方向を向いている、ということを論じます。すなわち、美学に関する特別なものとは、美的経験において注意力を行使する仕方である、ということを論じます。それにより、何かを美しいものとして経験することがいかにして美的なものという資格を得るのか、また、何がこれらの経験を感情に満ちたものにするのかを説明するのに役立つ可能性があります。注意は、快楽に基づく説における未解明の部分《ミッシング・ピース》でしたし、また、距離を置いた、しばりのない注意力行使について語ることは、「それ自体のために」説の大部分をよくとらえることになります。マルセル・プルースト（一八七一～一九二二年）が述べたように、「注意は多様な形を取りうるし、アーティストの仕事とは、そのうちで最良のものを喚起することである」のです。

第三章　経験と注意

あらゆる美的な物事に共通するのはとてもシンプルなこと、つまり注意力を行使する仕方です。これは、その経験がドラッグ由来であったり、性的な熱を帯びたものであったり（あるいはその両方であったり）する場合にも起こりえます。またそれは、傑作をじっと見つめていても起こらないことが多いです。

注意から生じる違い

『007 ゴールドフィンガー』を覚えているでしょうか。あれは最高のジェームズ・ボンド映画の一つでした（一九六四年製作）。本作は、金《きん》に取りつかれた悪役オーリック・ゴールドフィンガーが、フォート・ノックスにある連邦金塊保管庫を木っ端微塵に吹き飛

図一　オーリック・ゴールドフィンガー、ジェームズ・ボンド映画『ゴールドフィンガー』（一九六四年）のメインの悪役（AF archive/United Artists/Alamy Stock Photo）

図二　ドナルド・J・トランプ、第四五代アメリカ合衆国大統領（A Katz/Shuttersrock.com）

ばそうとたくらむ映画です。図一がゴールドフィンガーです。

古い映画ですが、最近、たとえばここ数年のうちにそれを見たならば、ゴールドフィンガーという悪役の外見が、第四五代アメリカ合衆国大統領（図二）に不気味なほどよく似ていることに気づかざるをえません。

ひとたびこの類似性に気づいてしまうと、それを忘れるのはとても難しいです。とくにゴールドフィンガーが自身の保有する金《きん》の価値を高めるために連邦金塊保管庫を爆破することを考えると、映画を見るとき本当に心がざわついてしまいます。少なくとも私の場合、このことがいまや本作の楽しみを大きく奪ってしまいました。

ゴールドフィンガーとドナルド・J・トランプの類似性に注意を向けることで、大きな違いが生じることがあります。それは経験を美的に意味深い仕方で変えることがあるのです。このことは、芸術作品のどの特徴に注意を払うのか、ということの重要性を際立たせるものです。関係のない特徴に注意を払うことによって、経験は失敗するかもしれないのです。

上記の例では、注意の変化が引き起こす美的差異はネガティヴなものとなりそうです。しかし、そうとばかりは限りません。

図三　ピーテル・ブリューゲル（父）《イカロスの墜落のある風景》（一五五五年頃）、ベルギー王立美術館、ブリュッセル（FineArt/Alamy Stock Photo）

ブリューゲルによる一六世紀フランドルの風景画（図三）の場合のように、重要な特徴に注意を向けることで、経験がすっかり変化することがあります。それは半分が陸景、半分が海景の、ほどほどに対角線の構図の絵で、中央では農民が熱心に畑を耕しています。古風な趣のある日常風景で、あまりドラマチックなところはありません。《イカロスの墜落のある風景》というタイトルを読むまでは。

何だって？　イカロスはどこでしょう。誰も落ちているようには見えません。この農民は、あの神話上のドラマチックな出来事とどういう関係があるのでしょうか。イカロスの痕跡が何かないかと注意深く絵を見渡すと、右下の隅、大型船のすぐ下に彼（正確には彼の脚――水の中に落ちたばかりなので）が隠れているのが見つかります。

推察するに、読者の皆さんの経験はいま、非常に違ったものになっているのではないでしょうか。イカロスの脚が描かれているカンバスの部分は、以前の絵画経験においてはとくに目立った特徴ではありませんでしたが（それに一瞥を向けることすらなかったかもしれません）、いまや絵の中の他のあらゆるものが、なんとなくそれと結びついているように見えます。

もしかしたら、以前はその絵をまとまりのないものとして経験していたかもしれませんが、イカロスの脚に注目することで、絵がまとまってくるのです（いずれにせよ、これはブリューゲルが約五〇〇年前に目指していた効果だと思われます）。

もう一つ、今度は音楽にかかわる例があります。音楽では、低音に注意するか旋律に注意するかで大きな違いが出ることがあります。しかし、違いがさらに顕著な場合があります。ヨハン・ゼバスティアン・バッハの《音楽の捧げもの》（一七四七年）の最初のカノンは、二つの楽器のためのフーガのような曲です。しかしそこには、あるひねりがあります。二つの楽器は、まったく同じ旋律を奏でるのです――一つははじめから終わりに向かって、もう一つは逆向きに、つまり終わりから始めて逆方向に進む、という形で。

楽譜を見なければ、このことに気づくのは困難です。しかしながら、ひとたび気がつくと、音楽のこの特徴に注意を払わざるをえません。またこれは、まさにバッハがこの曲を書いた理由です。つまり、彼はみずからの技量を誇示するためにこの曲を書いたのです。この特徴に注意することによって、きっとポジティヴな美的差異が生まれるでしょう。

シットコム『ママと恋に落ちるまで』（CBS、二〇〇五～一四年）には、もう少しエリート主義的でない例が見られます。このシットコムの九つのシーズンと二〇〇以上のエピソードの大半は、夢のカップルであるバーニーとロビンの複雑な恋愛と結婚式を主題としていました。最後のシーズンはまるごと彼らの結婚式に充てられました。しかしその後（ネタバレ注意！）、まさに最終エピソードのフィナーレの最後の二分で制作者《ショーランナー》は、夢のカップルを破局させ、ロビンにテッドとよりを戻させることを決めたのです。

ファンは激怒しました。このフィナーレは、その年のテレビの最悪の瞬間に選ばれました。大団円におけるこのどんでん返しのために、多くの熱烈《ハードコア》な『ママと恋に落ちるまで』ファンがグッズや記念品を残らず燃やすことになりましたが、このどんでん返しによって達成されたこともありました。もし九つのシーズンをなんとか通しで見返すとしたら、物語の展開を非常に違った仕方で見ざるをえません。テッドとロビンが絡むさまざまなシーンは、はるかに注意を引きつけやすくなるでしょう。また、こんなエンディングになるとはつゆ思わなかったときとは非常に違った仕方で、三人のキャラクターの関係性に注意を向けることになります。

こうしたトリックは長編映画で広く使われてきました。観客にある作品にもっとお金を使ってもらう方法の一つは、もう一度見てもらうことです。そして、ある種の野望を持った映画は、最後の最後に何かを明らかにすることによってこれを遂行します。そこで明らかになることは、すべてをあまりにも変えてしまうため、その作品を二度目に見ることは、当該の事実を知っていることによって非常に違った経験となるでしょう。クリストファー・ノーラン監督の『メメント』(二〇〇〇年)や『インセプション』(二〇一〇年)が有名な例ですが、他にもたくさんの例があります。最後まで何が起こっているのかほとんどわかりません。そして、これらの作品を二度目に見るときには、物語の非常に違った特徴に注目するため、非常に違った見方をすることになります。

もう一つ例がありますが、今度は芸術とは関係ありません。それは、これまでで最悪の食事に関するものです。妻が第一子を出産しようとしていました。私は急いで彼女を病院まで送り届け、それから入院に必要なたくさんのものを取りに帰らねばなりませんでした。お腹はぺこぺこでしたが、言うまでもなくできるだけ急いで戻りたかったのです。そこで、荷造りをしているあいだに残り物の中華をレンジに突っ込みました。そうしたら料理が熱くなりすぎましたが、冷ます時間もなかったので無理やり飲み込んで口の中をしたたか火傷してしまいました。素晴らしい食事経験ではありませんでしたが、三分で家を出ました!

「残り物の中華」と言いましたが、実際にはそれは、前の晩に食事をした街一番の中華料理店から持ち帰ってきたもので、そこの料理は本当に素晴らしいものでした。生涯最高とまでは言いませんが、かなりよい食事でした。翌日はそこまでよくありませんでした。では、その違いは何だったのでしょうか。言うまでもなく、注意力の違いです。スーツケースにオムツやおくるみを大急ぎで詰めながら多くの物事に注意を払っていましたが、そこに料理は含まれていなかったのです。

何に注意を払うかによって、経験全般に大きな違いが生じます。そしてそれはまた、芸術作品の経験にも大きな違いをもたらします。皆さんが次に『ゴールドフィンガー』を見るときに起こるように（これについては申し訳ありません！）、経験がすっかり台なしになることもあります。あるいは、経験がずっとやりがいのあるものになることもあります。またいくつかのケースでは、同じ作品であっても、何に注意を払うかによってどれだけ違って見えるか、ということをはっきり突きつけられることもあります。

しかし一方で、注意の問題は美学に関心を持つ誰にとっても極めて重要なものとなります。アカデミックな哲学者や美術史家だけでなく、あらゆる人にとってです。美術館で座って、目の前の作品を理解しようとしているところを想像してみてください。何に注意を払えばよいのでしょうか。目の前の作品にはたくさんの特徴があります。それを作ったアーティストはきっと、作品について言いたいことがたくさんあったのでしょう。アーティストが重要だと思った作品の特徴に注意を払えばよいのでしょうか。それとも、音声ガイドの話に注意を払うだけでよいのでしょうか。

私たちが芸術作品にかかわるとき、その特徴のうちのいくつかを無視し、他のいくつかに注意を集中させることがつねです。絵の具のひび割れを無視して絵画表面の他の特徴に注意を集中させ、ひび割れを考慮に入れないのです。バロック時代に再建されたロマネスク様式の教会を見るときには、中世の構造を味わうためにバロックの要素を無視しようとするかもしれません。やはり作品のいくつかの特徴を考慮に入れまいとしているわけです。

しかし、ある作品のどのような特徴に注意すべきか、またどのような特徴を無視したり積極的に考慮から外したりすべきか、どうしたらわかるのでしょうか。残念ながら、安易な答えや安上がりな近道はありません。注意は美的な楽しみをもたらすこともあれば壊すこともあります。それは危険なものとなることもあります――『ゴールドフィンガー』のケースを見てください――が、適切な仕方で割り当てられれば、美的に大いに価値のあるものとなることもあります。私たちは、美的関与における注意の対象や注意の払い方について、もっと理解しようとすべきなのです。

注意の焦点

知覚心理学のおかげで注意については多くのことが知られており、注意が経験に大きな違いをもたらしうることも知られています。注意に関する最近の最も有名な実験の一つは、このことをよく示しています。あなたはバスケットボールをしている人たちの短い映像を見せられます。白ユニフォームのチーム対黒ユニフォームのチームです。あなたの仕事は、白ユニフォームのチームがボールを何回パスするか数えることです。この作業をしているあいだに、ゴリラの着ぐるみを着た男性がフレームインしてきて、滑稽な身振りをしながら七秒ほどいて立ち去りますが、被験者の半数以上はこのことに気づきません。もし何のカウント作業もしようとしていなければ、すぐゴリラに気づきます。つまり、何に注意を払っているかということが、画面のど真ん中にいるゴリラの着ぐるみの男性に気づくか否かに深刻な影響を与えるのです。この現象には「非注意性盲目」という凝った名前がついています。

この実験に関して、めったに言及されませんが、おもしろいことがあります。それは、別のチーム――黒ユニフォームのチーム――がボールをパスする回数を数える場合には、この実験はうまくいかない、ということです。理由は、ゴリラの着ぐるみが黒だからです。

白チームに注意を払っている場合、別のチーム、体育館、ゴリラの着ぐるみといった他のものはことごとくノイズになります。それは無視され、遮断されるのです。

しかし、黒チームに注意を払っているときには、ゴリラの着ぐるみも黒なのでそれに目がとまるでしょう。これは驚くようなことではないはずです。タクシーを止めようとしているとき、あらゆる車を黄色か黄色でないか（あるいは何色であれ皆さんの街のタクシーの色をしているかどうか）で見ています。黄色でない車は、あたかもまったく存在していないかのようです。それらはノイズであり、遮断されるべきものなのです。また、『ウォーリーをさがせ！』でウォーリーを探しているとき、赤と白の縞模様でないものは何であれ読者を惑わすだけなので、とにかく無視したほうがよいのです。

私たちの時間の大部分は、目にしているもののいくつかの非常に特定の特徴に注意を払い、それ以外の特徴を無視することに費やされています。たとえば、クロスワードパズルを素早く解くといった厄介な作業をしようとしているとき、気が散らないように無視しようとしているものがたくさんあります。あらゆるにおいや音、そして視野の中にある（クロスワードパズル以外の）大半のものがそれです。私たちには、無視をするという習性が生まれつき備わっているのです。

では私たちが、周囲の世界の大部分を締め出すという、この驚くべき能力を発揮しないのはどこにいるときでしょうか。精神は有限の能力です。何かに集中したければ、他のあらゆることを無視する必要があります。そして、朝食、出勤、仕事自体など、たいていの場合、私たちは現に何かに集中する必要があります。

私たちがどのように無視をするのかにかかわる心理的メカニズムについてはかなり理解が進んでいます。視覚処理の最も初期の段階でさえ、非常に選択的なものです。それはその瞬間に関係のある情報を処理するだけなのです。それ以外のものはすべて放棄されます。先述の作業は白チームがすることに注意を払うことにだけかかわり、しかも（ゴリラを含む）黒いものは何であれ背景的特徴にしてしまうので、ゴリラの特徴のうちには、目下取り組んでいる作業には無関係であるとして放棄されてしまうものがあるのです。

経験は、何に注意を払っているのかに依存します。注意を移すと経験も変化するでしょう。まったく同じコンサートホールでの経験であっても、空席を探しているのか聴衆の中に友人を探しているのかによって、大変違ったものになります。前者の場合、あらゆる人々が背景に溶け込み、空席が飛び出してきます。後者の場合、友人に似た顔が飛び出してきます。なるほど大変違った経験です。

しかし、注意はどのように美的経験を特徴づけるのでしょうか。そこで、何に注意するかだけでなく、いかに注意するかについても語る必要があります。注意の払い方にはさまざまなものがあり、その中には他と比べて（少なくともいくつかの種類の）美的経験につながりやすいものがあるのです。

注意の払い方

非注意性盲目研究の重要な教訓の一つは、注意を払っていないものは何であれ経験の中に現れることができない、ということです。あたかもそれに気づいていないかのようなのです。ゴリラに注意を払わなければ、ゴリラを見ていなかったということであり、ゴリラのまったく含まれない経験をしたということです。それゆえ、何に対しても注意を払わなければ、まったく何の経験もしていないことになります。

豪華なレストランで素晴らしい食事をしたとしても、上司によい印象を与える必要がある重要なビジネスランチの機会ならば、その食事を楽しむことはまずないでしょう。料理の喜びに関して言えば、それは平凡なダイナーでの食事と変わりません。注意が食事ではなく別のところに向けられているのです。注意とは有限の資源《リソース》であり、何かを諦めなければならないのです。

視覚科学者や心理学者が注意に関して行う基本的な区別の一つは、注意が集中することも分散することもあるということです。画面上の五つの異なる点の軌跡を同時に追うとき、注意は分散しています。一つだけを追っているときには、注意は集中しています。この注意の集中と分散というのは、いわゆる「視覚探索」課題（ウォーリーを探すような課題）の記述や理解に関する限り、心理学における定番の概念です。

これは、どれだけ多くの対象に注意を払っているのかに関する区別です。しかし、どの対象にもさまざまな特徴がたくさんあります。私のコーヒーカップには色、形、重さなどがあります。私たちは同じ一つの対象に注意を向けることがありますが、その場合でも、この対象のさまざまな特徴に注意を向けています。カップの色に注意を向けるのと、重さに注意を向けるのとでは、まったく違った経験が生じるでしょう。カップの重さから色に注意を移すと経験が変わります。つまり、一つの対象に注意を向けるのか五つの対象に注意を向けるのかを選べるのと同様に、ある対象の一つの特徴に注意を向けるのか五つの特徴に注意を向けるのかを選ぶこともできるのです。

というわけで、二つではなく、以下の四つの異なった注意の払い方がある、ということになります。

（ⅰ）一つの対象、一つの特徴
（ⅱ）多数の対象、一つの特徴
（ⅲ）多数の対象、多数の特徴
（ⅳ）一つの対象、多数の特徴

これは論理的で素晴らしい区分ですが、（ⅲ）は実際には選択肢ではありません。これは私たちの視覚系が構築される仕方ではいささかもないのです。同時に五つの異なった対象に注意を分散させるのは大変なことです。実際、最も理想的な状況においても一分以上はできません。一分を過ぎると精神的にくたくたに疲れ果ててしまいます。また、五つの対象が絶対的な限界です。五つではなく、六つの異なる対象になるとまったくだめです。そして、たとえ追っているのが一つの特徴だけであっても、複数の対象に注意を分散させることによって、能力《リソース》に深刻な負荷がかかります。多くの対象の多くの特徴に注意を向けようとするのであれば、まったくうまくいきません。最終的に、注意の中心から対象や特徴のいくつかを失うことになるのです。

しかし、他の三つの注意の払い方はいずれも、とてもなじみのあるものです。キッチンカウンターの上にあるあらゆるものを取り上げてみましょう。そのうちの一つ、たとえばコーヒーカップを手にして、その色に注目することがあります。これは、ただ一つの対象のただ一つの特徴に注意を向けることです。たまたま赤色の、さまざまなものに注目することもあります。これは、多数の対象のただ一つの特徴に注意を向けることです。また、コーヒーカップに注目しつつも、いかなる特定の特徴にもズームインしないこともあります。

一つの対象の一つの特徴に注意を向けることはよくあります。たとえばリンゴの皮むきのような精密な作業をするときにはつねにそうです。ここではリンゴの一つの特徴だけが興味深いものであり、他のあらゆる特徴（たとえば色）は無視されるでしょう。多数の対象の一つの特徴に注意を向けることは、さらに頻繁にあります。たとえば何かを探しているときなどはつねにそうです。

タクシーを探しているとき、私はまさにこれをしています。私は、あらゆる車のまさに一つの特徴を探しているのです。つまりそれが黄色か否かということです。フライトに間に合うように空港を駆け抜けるときにも、このような注意の払い方が必要となります。行く手をふさぐあらゆる人々やスーツケースなど、空港には私の注意を引く対象がたくさんあります。しかし私にとって重要なのは、このうちのただ一つの特徴、すなわち、どうしたらそれらを避けられるか、ということです。他の特徴はいずれも関係がなく、無視されます。たとえば私は、乗客のうち口ひげを生やしている人が何人いたか、というようなことには注意していません。

それらよりももう少し一般的でないのは、同一の対象の多数の特徴に注意を向けることです。豪華なレストランで大変高価な食事を楽しもうとしたり、絵画を鑑賞したりしているときには、一つの物事に注意を向けています。つまり食べている料理や芸術作品です。しかし問題は、料理や絵画のどのような特徴に注目しているか、ということです。

選択はシンプルです。目にするもののただ一つの特徴にすっかり心を奪われ、そのことしか考えられなくなることがあります。何か難しい仕事をするときなど、そうしたことが必要になるときもあります。しかし、まったく同じ対象の多くの特徴に注目することもあります。そして、物事がおもしろくなるのはここにおいてです。

同じ対象の多くの特徴に注目するからといって美的経験が保証されるわけではありませ

ん。しかしそれは、よい出発点ではあります。ジェームズ・ボンドが、どこがどうなっているのか見当もつかないままに、時限爆弾を大慌てで分解しようとしているとき、彼は一つの対象の多くの特徴に注目しています。しかし彼は、この経験を繰り返したいとは望まないのではないでしょうか。

さらに必要なのは、同じ対象の多くの特徴への注意が自由でしばりのない《オープン・エンディド》ものであることです。ジェームズ・ボンドがするのは、爆弾を止める方法を探して、爆弾のある部分から別の部分へと、極度に集中した注意を大急ぎで動き回らせることです。彼は自分がすべきことを正確にわかっていますが、それをどのようにすればよいのかはまったくわかりません。彼は多くの特徴に注意していますが、こうした特徴のいずれに対する注意もカミソリのように鋭いのです。

ある種の美的経験をするとき、私たちはこれと正反対のことをしています。つまり、とくに何かを探しているわけではないのです。私たちは、目の前のそれほど珍しくない場面の多数の特徴に注目していますが、とくにどの特徴にも、あるいはどの特徴群にも焦点を当てようとはしていません。私たちの注意は自由でしばりのないものなのです。

ここまでたくさんの区別をしてきましたが、いまの私たちにとって重要なのは一つだけです。それは、しばりのない注意とそうでない（あるいは、以下で「固定された」と呼ぶことになるような）注意の区別です。しばりのない注意はすべて分散していますが、分散した注意がすべてしばりのないものというわけではありません。たとえばジェームズ・ボンドの注意はしばりのないものではありません。しばりのない注意を持ちたい場合、分散した注意はよい出発点ではありますが、それだけでは十分ではありません。

リンゴの皮をむくとき、注意は固定されています（プロのリンゴむき職人の注意は違うのかもしれませんが、私の注意は間違いなく固定されています）。それは一つの対象の一つの特徴に固定されているのです。これは固定され、集中した注意です。タクシーを探しているときも注意は固定されていて、あらゆる車の一つの特徴、つまり黄色にズームインするだけです。しかし、ボンドの注意も固定されていますが、こちらは爆弾の多くの特徴に固定されています。これは固定され、分散した注意です。上記の経験はいずれもしばりのない注意を伴うものではなく、あまり楽しいものでもありません。

視覚科学に基づくもともとの区別は、集中した注意と分散した注意のあいだにありました。しかし、分散した注意はしばりのないことを保証するものではありません。タクシーを探すとき、注意は（さまざまな対象に）分散していますが、しばりのないものではまったたくありません。また、ジェームズ・ボンドの注意も（さまざまな特性に）分散していますが、しばりのないものではありません。私は「しばりのない注意」というラベルを、一つの対象の多くの特徴に注意を分散させ、しかも特定の目的や目標を念頭に置いていないときの注意の払い方に取っておきます。

固定した注意は長時間続くと疲れてしまいます。しばりのない注意は、心や少なくとも知覚系にとっては、リラクゼーションの一種です。そして知覚系は、ちょっとしたリラクゼーションを非常に好むことがあります。

トレーニングのたとえが有益かもしれません。あなたは上腕二頭筋だけを鍛えることがあります。執拗に、何度も何度も。これは一つの特徴だけに注意を集中することに当たるでしょう。しかし、たとえばトレッドミルで走りながら上腕二頭筋を鍛える、というように、いくつかの筋肉を同時に鍛えることもあります。これは同じ対象の多くの特徴に注意を向けることに当たるでしょう。しかし、いずれに関しても、しばりのないものではまったくありません。

もちろん運動するのはよいことですが、連日、それも一日中運動するのはやりすぎです。リラックスも必要です。またリラクゼーションとは、まったく動かないことではなく、たとえば通りをのんびり散歩して、たくさんの筋肉を動かすことであり、しかしいずれもやりすぎないことです。これがしばりのない注意に当たるでしょう。

大きな違いが一つあります。一日中運動する人はほとんどいません。しかし、私たちはほとんどの時間を集中して注意しています。さもなければ、お皿を落としたり、牛乳をこぼしたり、交通事故を起こしたりすることが多々あるでしょう。だから私たちは、集中して注意しなければならないとは限らないときでも——というのも、そうした大事なときというのはめったにあるものではないので——、自分のすることに特別な注意を払う必要があります。

そして、身体が筋肉をまったく動かさない休憩時間《ダウンタイム》を必要とするのと同様、知覚系も注意が固定されない休憩時間を必要とします。ジムを出てすぐに別の筋肉を鍛え始めるのは明らかに馬鹿げているでしょう。また、より固定した注意を用いて昇進をしくじらないようにしたり、交通渋滞を避けたりするのに躍起になる必要がないときに、そうしためったにない時間を過ごすことは明らかに馬鹿げています。しばりのない注意は心の休憩時間であり、そうしたものがない人生はきついでしょう。

私は、美的経験で肝心なのは知覚系をリラックスさせることである、と言っているわけではありません。しかし、知覚系が無理をさせられると、美的経験は起こりそうにありません。しばりのない注意は特別なものです。それによって、一枚の絵画の中の一見関係ない二つの形を比較できるようになります。ヴァイオリンの旋律がいかにしてピアノの旋律の対旋律となるのかを明らかにできるようになります。食材間のコントラストや類似性に注意できるようになります。このような注意の払い方が、少なくともいくつかの種類の美的経験の特別なところなのです。

しかし、すべての美的経験がそうとは限りません。美的経験のうちには、しばりのない経験に見えるものもありますが、最も強烈な美的経験のうちには、こうした特性描写ではまったく認識されないものもあるかもしれません。強烈な美的経験のうちには、固定した、また集中さえした注意を伴うものがあるかもしれないのです。それは見る対象に対する冷静《デタッチメント》さではなく強い執着《アタッチメント》です。フランスの前衛映画作家のダニエル・ユイレ（一九三六〜二〇〇六年）が、「私たちは人々に私たちの映画に没入してもらいたいのです。「異化」に関する話はでたらめばかりです」と述べたように。この発言についてはまたのちほど触れます。しかし、少なくともいくつかの典型的な美的経験は、しばりのない注意を必要とします。

知覚の自由

多くの美的状況における注意は、自由でしばりのないものです。爆弾から信管を取り除くためのジェームズ・ボンドの努力は、自由でもしばりのないものでもありませんでした。彼は明らかに、爆弾のいかなる特徴にも自由に注意を払うことはできませんでした。たとえば、切断しようとしていたワイヤー同士の色の調和に注意するのは愚かなことだったでしょう。また、それはもちろんしばりのないプロセスではありませんでした。

しばりのない注意と自由とのこうした結びつきは、たんなる比喩にとどまりません。注意がしばりのないものであるとき、私たちは何か特定のものを探しているわけではありません。私たちは、自分が見つけるものを見つけることに喜びを感じますが、やり遂げるべき探求がとくにあるわけではありません。だからといって無関心なわけでもありません。ただ、探しているものがとくにないだけなのです。このようにしばりのない仕方で注意することによって、知覚は自由になります。

はじめて見る絵を見ているとき、ここを見て、あそこを見て、というように、作品の多くの特徴のあいだで注意を動き回らせることがよくあります。しかし、自分が何を探しているのか、はっきりとした見当があるわけではありません。それは、探索であるとしても制約のない探索であり、立入禁止区域のない探索です。どんなものでも（あるいはほとんどどんなものでも）、潜在的には興味深く、関係がありうるのです。

私たちは、重要なものに注意を向けられるように、目にするほとんどすべてのものを無視したり軽視したりすることに信じられないほど長けています。しかし、注意がしばりのないものであるとき、私たちは驚かされることになります。それは固定された注意よりもずっと予測できない状態であり、また、あまり予測できないことによって、はるかにやりがいのあるものになるのです。

注意することは一つの行動です。起きているあいだずっと行っている行動です。そして、他のあらゆる行動と同様、私たちはそれを自由に行うこともあれば、それほど自由に行わないこともあります。ほとんどの場合、それほど自由に行いません。ほとんどの場合、注意には立入禁止区域があるのです。実際、注意が固定されているとき、大部分の区域は立入禁止区域です。私たちが執着していないものは気を散らすものに過ぎず、そこには入ってはならないのです。

しかし、注意がしばりのないものであるとき、注意は自由にうろつくことができます。そして、この自由さはまた、美的状況における注意の働き方の重要な特徴の多くを説明するものです。悲しいことですが、たとえば三つ数えるだけで注意を思い通りにしばりのないものにすることはできません。注意の焦点を和らげ、それをよりしばりのないものにしようと試みても、この試みるという行為自体が固定された注意の訓練になってしまい、いかなるしばりのないものにも反してしまいます。試みないようにしようとすることは、やり遂げるのが容易ではありません。

また、しばりのない注意は時間を要します。慌てているときにはたぶん起こらないでしょう。理由は簡単です。急いでいるとき、注意のしばりのなさは危機にさらされているのです。三〇秒で用事を終える必要があるため、注意を自由にうろつかせることができないのです。

注意をバターのようなものだと考えてみてください。それは有限の資源ですが、さまざまな仕方で塗ることができます。薄くも厚くも広げることができます。潜在的に興味深い多くの特徴に注意を広げるとすれば、とても薄く広げられるため、各特徴が受ける注意はより少なくなります。これらの特徴が受ける注意は、より柔らかく、マイルドになり、鋭くなくなります。それははるかに楽しいものになるのです。

美的注意

しばりのない注意は美的経験の重要な特徴です。ではそれは、美的経験の成否を決める条件なのでしょうか。とてもそうは思えません。それは、非常に特定の期間（おおよそ二一〜二〇〇年のあいだ）に、世界の非常に特定の地域（おおよそ「西洋」）において大きな影響力を持ってきた美的経験の形をとらえてはいます。しかし、中世の人々がしばりのない注意を好んだかどうかについてはほとんど証拠がありませんし、より決定的なことには、スマートフォンに取りつかれ、しばりのない注意にはまったくつながらない現代においては、しばりのない注意はすたれかけているのかもしれません。前衛的なパフォーマンス・アーティストであるマリーナ・アブラモヴィッチ（一九四六年〜）が、「今日、私たちの注意力はテレビ広告に劣ります。私たちはつねに六つか七つの問題に目を向けているのです」と言ったように。これはしばりのないものにはとても思えません。

フェルナンド・ペソア、スーザン・ソンタグ、マルセル・プルーストといった人々は、注意がしばりのないものとなっている美的経験について見事な記述を残していますし、彼らが語っていたのがどのような経験なのかを理解することは重要です。しかし、美的とみなされるのはこの種の経験だけではありません。それでもやはり、注意の役割について真剣に考えることは、それほどしばりのないものではない美的経験について何かを語るのにも役立つことがあります。

美的経験をするとき、私たちは目にする対象に注意するだけではありません。経験の質にも注意を払います。何より、この双方の関係に注意を払います。ほとんどの場合、私たちは身のまわりにある対象に注意を向けていますが、それらの対象を経験しているということには何の注意も向けていません。渋滞中であれば、私は前の車、信号が赤に変わること、行く手をふさぐ歩行者に注意を払う傾向があります。

しかしながら、ある特定の対象を見ることがいかにして自分の心を打つのか、ということに注意を払うこともあります。これは、ある対象と当該の対象の経験の質との関係に注意を払うことでしょう。それは、目を内側に向けて、みずからの経験のみにすっかり没頭することではありません。重要なのは、対象と、この対象の経験の質の双方が、私たちの注意を引きつけるものに属している、ということです。

ごく平凡な例を用いるならば、リンゴを見ているとき、私たちはリンゴの特徴に注意を向けることがあります。あるいは、リンゴを見るという経験の特徴に注意を向けることがあります。あるいは、その双方に、また双方の関係に注意を向けることがあります。この三番目の仕方で注意を払うことが、美的経験の決定的な（ことによると普遍的とさえ言える）特徴である、と私は考えます。

ここで権威に訴えてみましょう。フェルナンド・ペソアは、これと非常に似た言い回しで美的経験について記述しています。彼が言うように、「真の経験とは、現実との接触を減らすと同時に、その接触についての分析を強めることにある」のです。経験の対象との接触についての分析を強めるというのはまさに、経験の対象と経験の質との関係に注意を払うという表現で私が言わんとすることに当たります。

経験の対象と経験の質との関係に注意を向ける仕方はたくさんあります。本章では大略、しばりのない注意を用いてこれを達成する、ある特定の方法についてお話ししましたが、それが唯一というわけではありません。自由でしばりのない注意の一つの帰結として、注意は、知覚対象の特徴だけでなく経験の特徴の上も自由にうろつくことがあるのです。

初デートの服装を選ぶためにも、経験の質に注意を払う必要があります。立ち止まり、鏡をのぞき込み、目にするものがいかに自分の心を打つのか確認するのです。他にも多くのことが起こるかもしれません。デート相手がどのように反応するのか、またその反応がいかにあなたの反応と違うかを予測しようとするかもしれません。しかし、何をするにせよ、対象と、対象の経験の質との関係に注意を払う必要はあるはずです。

同じく、何時間もかけて山頂まで登るとします。最後に周囲を見渡します。もちろん、眼下に広がる野原や川の眺めに注目するでしょう。しかし、それだけではありません。もし注目するのがそれだけであったら、登山にそんなに時間を費やす価値はなかったでしょう。あなたは達成感に彩られたみずからの経験にも注目するのです。

自分が引き起こしたい経験とは没入であって、しばりのなさや冷静さではないというダニエル・ユイレの主張についてはどうでしょうか。没入とは、没入対象の経験がまったく関係なくなることを意味するわけではありません。没入しているとき、没入していることをとても意識することがよくあります。私たちは注意を引きつける対象だけでなく、没入経験そのものも楽しんでいるのです。つまり没入とは、知覚対象と、知覚対象の経験との関係に注意を払うもう一つの方法なのです。

美的経験におけるしばりのない注意の重要性は、「西洋」に特有のものかもしれませんが、知覚対象とこの対象の経験の質との関係に注意を向けることは、「西洋」以外の多くの美学的伝統に見出されうるテーマです。とりわけわかりやすい例がラサです。ラサはサンスクリット美学の中心概念であり、インドだけでなくインドネシアや東アフリカの一部においても芸術をめぐる思考に影響を与えました。

ラサは多くの場合、経験の感情的な風味を味わうことと訳されます。ここで言う風味とはたんなる比喩ではありません。この伝統における芸術経験は、あらゆる感覚の様式《モダリティ》に呼びかける複合的様式《マルチモーダル》の経験なのです。しかし、私たちの目的にとって決定的な点は、「味わう」という概念にあります。食事を味わうとは、さまざまな経験のコントラストと調和の関係に注意を向けることです。それは、さまざまな風味がいかに自分の心を打つのかに注意を向けることです。残り物の中華料理を無理矢理飲みこむという例には、まさにこれが欠けていたのです。ラサ理論は、私が美的注意と呼ぶようなものを、芸術作品の経験を構成する最も重要な要素の一つと考えています。

しかしそれでは、美的経験があまりに安っぽいものにならないだろうか、といぶかる向きもあるかもしれません。たとえば私は、親知らずを抜いてもらっているあいだに、自分の経験の質に注意を向けることがあります。実際ありえます。また私は、歯とみずからの苦痛との関係に注意を向けることもあります。しかしだからといって、この経験が美的経験になるわけではありません（残念ながら）。さらに必要なのは、この注意がしばりのないものであることなのです。

させていまや、何が美的経験を美的なものにするのかに関するパズルのピースを組み合わせることができます。美的経験を美的なものにするのは、私たちが注意力を行使する仕方です。それは、何かを美しいものとして見ること、とでも表現できそうな注意力の特殊な行使です。また、注意は感情によって調整されることがあります（が、必ず調整されるわけではありません）。

私たちは、美的領域における冷静さとしばりのなさの重要性について、「それ自体のために」説から学びましたが、これを、立入禁止地帯のほとんどない自由でしばりのない注意という観点から正当に評価することができます。また私たちは、快楽説が美的注意の理論を提示する必要があることを見ましたが、本章では、まさにそれを行おうとしてきました。

最後に、セックス、ドラッグ、ロックンロールの問題に戻りましょう。多くの性的経験において、私たちは知覚対象と経験の質との関係に注意していますし、同じことがドラッグにも当てはまります（ペヨーテを使った幻覚体験《トリップ》に関するハクスリーの生き生きとした記述において肝心なのはこの点です）。したがって、これらの経験から美的なラベルを取り去る理由はありません。

知覚に関する古くからの、そしていまではいくぶん陳腐になった議論に繰り返し見られるテーマは、知覚は透明である、というものです。つまり、ピカピカの窓を透かして見るように、私たちはみずからの経験を透かして見ている、というのです。古典的な言い回しに、トマトを見つめているときにトマトの経験に注意を払おうとすると、自動的にトマトそのものに注意を向け始める、というものがあります。つまり経験自体は透明であり、あなたはそれを透かして見ている、というわけです。

これはトマトを食べたいと思ってそれに目を向けるときにはその通りかもしれませんし、違うかもしれません。私が言いたいのは、トマトの美的経験に関しては事情が大きく異なるということです。その場合、トマトだけでなく、トマトの経験の質にも注意を払います。また、その双方の関係にも。美的経験は透明ではないのです。

第四章　美学と自己

なぜ私たちは、コンサートを聴いたり本を買ったりするために多額の出費をするのでしょうか。なぜ何時間もかけて豪華な食事を作るのでしょうか。また、なぜ山頂まで登るためにに多くのエネルギーを費やすのでしょうか。それは個人的に重要な経験をするためである、というのが私の答えです。これらの経験は、私たちが何者であるか、私たちが自分自身を何者と考えているか、ということにとって重要なのです。

どのくらい重要なのでしょうか。最近のいくつかの実験的研究によると、私たちの大半は音楽や映画の趣味をみずからの最も本質的な特徴の一つと考えているそうです。食べ物や服装の趣味も、それといい勝負です。明日目が覚めたら、いまよりずっと頭がよくなっていると想像してみてください。ずっと頭が悪くなっている、でもよいです。それでもまだあなたでしょうか。あるいは、目が覚めたら、より優しくなっていたり、やせていたり、共和党支持者になっていたり、ヨガに興味がなくなっていたりすると想像してみてください。それでもまだあなたでしょうか。

調査結果によれば、これらのシナリオのほとんどは、目が覚めたら音楽の趣味が昨日までと正反対になっていたというシナリオとは比べものにならないようです。私たちは音楽の趣味を、道徳的、政治的、さらには宗教的な意見よりも、自分が何者であるのかにとってはるかに重要な部分であると考える傾向があります。

自己を変える、美学を変える

音楽、映画、芸術の趣味は、私たちにとって極めて重要です。またそれだけでなく、食べ物の好みや、飲むコーヒーの種類、どんな服装をするかも重要です。私たちは美的嗜好を、自分が何者であるのかにとっての大きな部分だと考えています。

しかし、これらの嗜好は驚くほど早く、しばしば当人の気づかないうちに変わります。最近のいくつかの調査結果によると、美的嗜好は中年層で最も安定しており、若年層や少々意外なことにシニア層ではずっと流動的だそうです。しかし、最も安定した年齢層の人々の美的嗜好でさえ、彼らが本当に関心のある美的領域においては、少なくとも二週間に一度の頻度で大きな変化を被っているそうです。

私たちは、自分があまり変化しないと思いたがります。あるいは、変化があるとしても、その変化をコントロールしていると思いたがります。しかし、これはまったくの思い違いです。私たちは、自分がどのように、またどのくらい変化するかをほとんどコントロールしていないのです。

広く探究されている心理現象、「単純接触効果」を例に挙げてみましょう。何かに触れれば触れるほど、その何かを好きになる傾向があります。何かに触れるだけで好みが変わるのです。そしてこれは、触れるものについて意識していなくても起こります。

単純接触効果は、人、楽曲、色、絵画の好みにまで影響を与えます。ある実験で、コーネル大学の心理学教授が、視覚科学入門講義のスライドの中に、ランダムに思える絵をいくつか紛れ込ませました。つまり受講者は、視覚の働き方についての講義の最中に、何の説明もなく、突然ルノワールやモリゾの絵画を目にすることになったのです。それはスライドにおけるただの飾りでした。

これらの絵画はランダムに出てくるように思えましたが、実験の一部だったのです。いくつかの絵画を他のものよりも頻繁に見せたうえで、学期末に学生たちに、見せた絵画の評価をしてもらいました。学生たちは、一度だけ見せられたものよりも、より頻繁に見せられたもののほうを、おしなべて高く評価しました。学生の中で、以前にこれらの絵のうちの一枚でも見たのを覚えていると答えた人はほとんどいませんでした。

単純接触効果は、この接触を意識していなくても起こります。単純接触効果に関する一連の重要な調査結果によれば、たとえばその刺激が発されるのが非常に短い時間（二〇〇ミリ秒以下）であったり、刺激が覆われて（つまり巧妙に隠されて）いたりといった無意識の接触であっても、肯定的な評価の可能性は高まるそうです。こうした調査結果には少々動揺せざるをえません。私たちは、どのような種類の音楽や芸術に触れるかをある程度コントロールしていますが、もちろん完全にコントロールしているわけではありません。いかなる公共空間であれ、音楽なしでいることはますます難しくなっています。カフェ、ショッピングモール、エレベーターといった場所で触れる音楽は好みに強い影響を与えますが、それが私たちを満足させるような音楽であることは非常に稀です。

音楽、映画、食事、服装、芸術に関する美的嗜好は私たちにとって極めて重要ですが、それは私たちの手に負えない仕方で変化することがありますし、現に変化します。もしあなたがフリージャズのファンで、自分のことをフリージャズの人だと思っていても、スーパーでジャスティン・ビーバーの音楽に触れたら、ジャスティン・ビーバーの楽曲に特有の音楽スタイルを少しだけ好きになるでしょう。また、きっとそんなことは思いもよらないでしょう。それは気づかないうちに起こるのです。

もし私たちの好みが気づかないうちに乗っ取られうるとしたら、私たちが何者であるかということの大部分は、任意の単純接触の産物であるように思われます。そして、私たちはこのことに対して無防備なのです。若くて気取っていたとき、私はいつも美術館のポップアートの部屋を、目を閉じて通り抜けるようにしていました。しかし、これは難しい（し少々危険）です。また、音楽となるといっそう難しくなります。趣味は変わりますし、それに対してなすすべはあまりありません。このことに不安を感じざるをえないという事実だけからも、美的領域が自己にとってどれほど重要であるかがわかります。私たちは美学と自己のこの強い結びつきを無視することはできないのです。

経験 vs. 判断

大半の「西洋」美学の主題は、知識に裏付けられた美的判断です。美的判断とは、ある特定の対象が美しいとか、優美だとか、醜いとか、不快だとか、（多くの場合自分自身に対してのみ、しかしときには他者に対しても）述べることです。しかし、私たちの美的関与の大部分は、このようなものではいささかもありません。さもなければ、なぜ私たちがあらゆる美的な物事をこれほど気にかけるのか説明するのは難しいでしょう。三時間の映画を鑑賞したり、山で一日かけてハイキングしたりするのは、映画や風景について知識に裏付けられた美的判断を下すためではありません。もし生活における美学の重要性を真剣に受け止めるならば、美的判断ではなく、より楽しく、やりがいがあり、頻繁に経験する美的関与の形態に重点を移す必要があります。

私たちがコンサートに行ったり何時間もかけて料理したりするのは、美的判断を表明するためではありません。美的判断が私たちにとってそれほど重要である理由は理解しがたいものです。美的判断をすることは、本当はそれほど楽しいことではありませんし、とくにやりがいのあることでもありません。美的判断をすることにある種の喜びを感じることはあっても（たとえば、お気に入りの本や映画を五つランキングしてソーシャルメディアに投稿するときなど）、その喜びは、実際に判断を下すことよりも、その判断を伝えることに関係しているかもしれません。映画館で映画を見たあとに、その作品について友人と長時間の激論をたたかわせることについても同様です。

それとは対照的に、美的な状況にある経験を時間をかけて展開することは、楽しく、やりがいがあり、私たちはそれに個人的な関心を持ちます。もちろんつねにではなくときどきですが、それは美的判断という終着点に達することもあります。しかしそれは、私たちがそうした経験をしている理由にはなりません。判断ではなく経験に焦点を当てることの大きな利点は、あらゆる美的な物事が自己にとって個人的に重要かつ切実であることを理解する助けとなりうる、ということです。

しかし、美的判断とはどのようなものとされているでしょうか。美術館に行って絵画を見るとします。絵の前に座って二〇分かけて眺めます。そうして絵に関する美的判断をまとめたあとで立ち上がります。その後、この美的判断を友人に伝えたり、ブログに書いたりすることがあります。絵画経験は二〇分間続きます。判断は通常、このプロセスの最後に行われます（もちろん、プロセスの途中で判断することはありえますし、あとでそれを修正するかもしれませんが）。「西洋」美学がおもに焦点を当ててきたのは、このプロセスの最後の判断であり、二〇分の経験の時間的な展開（および、そこにおける注意の移動や視覚的な比較など）ではありません。

美的判断とは、何かに美的にかかわるたびに行われるものでさえありません。それは任意の特徴なのです。絵画の前に二〇分いても、その美的な長所と短所に関して考えがまとまらず、判断を保留するとしましょう。だからといって、この芸術作品に対する美的関与が、やりがいや意味をいささかでも減じるわけではありませんし、わずかでも楽しくなくなるわけでもありません。むしろ、そのことで経験がより楽しいものになることさえあります。

美的判断が他の種類の判断といかに異なるかについては、多くのことが言われてきました。広義のカント的な考え方によれば、美的判断は経験の終着点というだけではなく、経験を通してつねに行われ、経験自体を彩るものなのかもしれません。しかし、経験により重きを置くように思われるこうした説明においても、最も重要なのは判断なのです。正しい判断をしさえすれば、正しい種類の経験をすることになる、というわけです。第三章で広く見たように、注意は経験を根底から変えることがあります。しかし、美的判断が経験を根底から変えることは非常に稀です。絵を美しいとか優美だとか考えるだけで、その絵の経験が変化する（ましてや、よい方向に変化する）ことはまずないでしょう。それと対照的に、これまで気づかれなかったさまざまな特徴に注意することで、経験が著しく変化することはあります。

美学が、もっぱら芸術作品の経験が時間的に展開する仕方（この時間的展開が美的判断に至るにせよ至らないにせよ）にかかわるべきだと考えるならば、美的判断から始まるこの全体像は、進み方に間違いがあります。それが美的判断の構成要素であるというだけで、あらゆる美的な物事の構成要素について知っている、というような思い込みを認めるべきではないのです。美的関与や美的経験については、美的判断の領域からいかなる概念装置も借りることなく、それ自体として検討すべきです。

若いころの美的経験

美学の重要性が、知識に裏付けられた美的判断とはほとんど関係がないことを示す顕著な証拠があります。皆さんは最初の強烈な美的経験を覚えていますか。子どものころ、あるいはもしかすると一〇代のころでしょうか。皆さんをものすごく感動させた何らかの音楽作品でしょうか。息をのむような風景でしょうか。ここでは私自身の人生から三つの例をご紹介しますが、例は皆さんの若いころのものに適宜変えていただいて結構です。

証拠A：私は一六歳で、古いテート・ギャラリー（そのころテート・モダンはありませんでした）に立ち、クリフォード・スティルのある絵画に魅了されていました。絵の前に二時間はいたはずです。当時、クリフォード・スティル（一九〇四〜八〇年）のことはあまり知りませんでした。抽象表現主義の画家であることは知っていましたが、それくらいです。私はこの絵をたいそう気に入ったので、翌日、高校のクラスでロンドン塔と国会議事堂を見学することになっていたのですが、一人でピムリコ〔テート・ギャラリーの最寄り駅および付近の地区の名〕に戻ってもう一度見に行きました。

証拠Ｂ：一年巻き戻します。ミケランジェロ・アントニオーニの映画『欲望』（一九六六年）に夢中になり、週に二、三回は映画館に見に行っていました。作中の台詞は完全に暗記していました。毎回、愛、現象と実在、その他の深遠な問題について真に重要な何かを理解して、有頂天で映画館をあとにしました。

証拠Ｃ：もう一年巻き戻します。心の底から揺さぶられる本を読みました。ボリス・ヴィアンの『うたかたの日々』（一九四七年）です。笑うと同時に泣くというような、それまでにない感覚を味わいました。

私が言いたいのは次のことです。私はいま、『欲望』をアントニオーニのまさに最悪の作品だと思っています。『うたかたの日々』は、一四歳のときには理解できなかった参照項が満載ですが、ヴィアンの他の小説のいくつかに比べるとはるかにオリジナリティに欠けます。クリフォード・スティルはいまでも素晴らしいと思いますが、テートのコレクションには他にも素晴らしい作品がたくさんあるのに、どういうわけか私はこの絵画に惚れ込んでしまったのです。

ちょうど昨日、本章の執筆準備としてテート・モダンに行き、自分の反応を確かめてきました。まあ、あまり芳しいものではありませんでした。『欲望』も見直しましたが（映画館ではもうアントニオーニの映画はかかっていないようなのでノートパソコンで）、二〇分かそこらで消さねばなりませんでした。見続けるのが億劫になってしまったのです。また、『うたかたの日々』の英訳版は数ページで放り出してしまいました（公正を期すために言えば、これは翻訳が原因でしたが）。

美術史も映画史も二〇世紀フランス文学史もほとんど知らなかった私が初めてこれらの芸術作品に出会ったときのほうが、知識が少し増えたいまよりも、ずっと強烈でやりがいのある美的経験をしました。私としては、一四～一六歳のころよりもいまのほうが、これらの作品の美的価値をきちんと見極められるようになったと思いたいところです。いまの私は、よりよい美的判断ができます。しかしそれは、当時ほど熱狂的なものではありません。

後知恵でもって一四～一六歳のベンスの美的判断を非難すべきなのでしょうか。しかし、もし私がこれらの作品にこれほど強烈な印象を持たなければ、おそらく芸術に興味を持つことはなかったでしょうし、それゆえいま一〇代のベンスを見下すことができるほどの知識を身につけることもなかったでしょう。

この場合、知識に裏付けられた美的判断とはどのようなものでしょうか。先ほど私が『欲望』に対して下した、アントニオーニのまさに最悪の映画である、という判断を取り上げてみましょう。美学が主題とすべきなのはこの種の判断である、と私たちは教えられました。一五歳の私が『欲望』に抱いたような好感は美学の主題ではないのです。

私の例は、美的判断の成熟と美的経験の強度のあいだにはミスマッチがありうるし、現にしばしばミスマッチがあると示すことを意図したものでした。ここから導かれる一つの結論は、知識に裏付けられた美的判断のみに焦点を当てると、美学の議論にとって本当に重要な何かを見失うことになる、ということです。本当に重要な何かというのは、美的関与とは楽しいものであり、また私たちにとって個人的に重要なものである、ということです。私たちは美的関与を気にかけています。知識に裏付けられた美的判断のみに焦点を当ても、美学に関するこの至極シンプルな事実をきちんと評価することはできません。

経験の優位性

三つの例を紹介したのには、さらに重要な理由があります。美的判断が知識に裏付けられていればいるほど、美的経験がより強烈になったり、やりがいのあるものになったりするわけではないことを見ました。ここから導かれる一つの結論は、私たちは、強烈で、やりがいがあり、個人的に重要な美的経験を美学の議論に含めるべきである（また、美的判断のみに焦点を当てるためにこうした美的経験を犠牲にすべきではない）、ということです。しかし、経験はまた、非常に違った意味においても判断に先行します。知識に裏付けられた私たちの美的判断の一つひとつは、やりがいがあり、個人的に重要で、まったく知識に裏付けられていないかつての経験に依存しているのです。

美術館でたくさんの絵画が掛けられている展示室に入って、ざっと見て回るとき、展示されている絵の中には好みのものもあれば、好みでないものもあるかもしれません。誰がどの絵を描いたのか見当もつかないので、知識に裏付けられたいかなる判断も不可能です。しかし、初見で気に入ったというところから、どの絵画に近づいて、より時間をかけてそれを検討するかが決まるのです。私たちがあらゆる事柄を考慮して知識に裏付けられた美的判断を下すことができる唯一の理由は、それ以前に――ほんの数秒前かもしれませんし数十年前かもしれませんが――いくつかの芸術作品を好きになったからですし、私たちがほかならぬこの作品にかかわるのはそのためです。

一歩下がってみましょう。ここに二つの美的関与の例があります。一〇代のころの経験（非常にポジティヴで、やりがいがあり、個人的に重要）と、現在行っている判断（作品をいくぶん平凡で、あまりやりがいがなく、個人的にはまったく重要でないと判断すること）です。後者が知識に裏付けられた美的判断と呼ばれるものです。また、後者は前者なしではありえませんでした。問題は、かつての美的関与の美的快楽がどう説明されるかということです。議論を美的判断に限定した場合、この問いにどう答えればよいのかはわかりにくいです。それは美的判断の成熟ではありえません。なぜならかつての美的判断はまったく成熟していませんでしたし、知識に裏付けられてもいなかったからです。強烈でやりがいのあるかつての経験はまったく不適当で美学的には無意味だったのかもしれませんが、とはいえ現在の私の美的嗜好の大半が一〇代のベンスの美的経験の産物であるように、不適当で美学的に無意味な反応が私たちの美的嗜好の主たる原因となっているように思われるでしょう。

これは些細な問題ではありません。この問題をより切実なものにするための一つの方法は次のように問うてみることです。つまり、それによって私が冷淡になってしまうのならば、なぜ私は知識に裏付けられた美的判断を気にかけなければならないのだろうか、と。知識に裏付けられた美的判断は何の喜びも与えてくれませんし、個人的にはまったく重要ではありません。結果的に芸術にかかわる楽しみが減るのであれば、なぜ美術史や二〇世紀フランス文学史についてもっと学ぶべきなのでしょうか。

この難問から抜け出す方法が一つあります。美的判断はそれほど楽しいものではありません。一〇代のころにしたような素朴な判断も、いましているような知識に裏付けられた判断も、どちらも楽しいものではありません。一般に、判断を下すことが、やりがいがあったり、愉快だったり、楽しいものであることはめったにありません。他方で、経験はやりがいがあったり、愉快だったり、楽しいものであることが頻繁にあります。同様に、判断を表明することを、個人的に意味があると感じるようなこともめったにありません。経験は、個人的に意味があると感じるようなことです。それゆえ美学は、判断ではなく経験を主題とすべきなのです。これらの経験は判断につながることがあり、私たちはその判断を他の人に伝えることもありますし、それは任意の素敵な付加物《アドオン》ですが、判断につながらなければならないわけではありません。

私たちがこれほど多くの時間やお金を費やして芸術作品にかかわるのは、それに対して美的判断をしたいからではありません。それは、芸術作品とのかかわりの中で得られる経験が、楽しく、やりがいがあり、個人的に意味のあるものとなりうるからです。判断ではなく経験なのです。

私たちは、知識に裏付けられているか否かにかかわらず、美的判断の概念一般から離れようとすべきです。芸術作品に美的にかかわることの目的が、美的判断を下すためであることはめったにないのであって、「西洋」の美学理論はこの事実を尊重すべきです。私たちは、美的経験の時間的な展開に焦点を当てるべきであり、美的判断を表明するという（明らかに任意の）終着点に焦点を当てるべきではないのです。スーザン・ソンタグが述べたように、「芸術作品として出会う芸術作品とは経験であって、言明や問いへの答えではない」のです。

なぜ判断なのか

美学理論の重点を美的判断から美的関与の時間的展開に移すためには、まず、なぜ美学者が美的判断に執着するのかを理解する必要があります。

その理由の一つは、明らかに歴史的なものです。「西洋」美学の重要概念は、少なくとも、二五〇年以上前に出版されたデイヴィッド・ヒュームの「趣味の基準について」(一七五七年)以来、つねに美的判断の概念でした。

ヒューム(一七一一~七六年)が英米の哲学的美学に与えた影響はいくら強調してもしすぎることはありませんが、彼がはっきり語っているのは、二人の異なる人間が趣味判断をする仕方の違いです。彼は次のような話を例として挙げています(これは『ドン・キホーテ』から借用されたものです)。二人の人物が同じワインを飲み、その質を判断するように言われました。一人は、そのワインは変な革のような味がすると言います。もう一人は、不快な金属っぽい感じがあると考えます。ヒュームの話のオチは、私たちは二人の判断のうち少なくとも一つがまったく間違っていると考えるかもしれないが、ワインを調べたところ、革紐の付いた小さな鍵が見つかった、というものです。つまり、どちらの判断も正しかったわけです。

この話には第五章でふたたび触れます。しかし、いまの私たちにとって重要なのは、ヒュームはここで明らかに知覚的な識別の重要性を強調していますが、彼が主として関心があるのは二人のワイン通の美的判断だということです。彼らにとっては、ワインの経験が時間とともにどのように展開したかは重要ではありません（ワインの経験が時間とともにどのように展開するかについては多くのことが言えるのですが）。重要なのは彼らが下した美的判断であり、また二つの判断がいかに相互に関連し合っているか、ということだけなのです。

第五章で見るように、ヒュームが判断に焦点を当てたのには重要な哲学的理由があるのですが、彼が美学分野に強い影響を与えてきたということは、美学の中心的な問題は美的判断を理解することである、という彼の思い込みが受け入れられ続けてきた、ということでした。

美学において判断が支配的である重要な歴史的理由は、言語哲学が哲学一般に、またとりわけ美学に強い影響を与えてきたこととも関係があります。美的判断とは、（私たちが自分自身や他者に対して行う）言明であり、言語哲学はそれに関して言いたいことがたくさんあります。つまり美的判断とは、言語哲学の訓練をきっちり受けた美学者にとって親しみのある主題なのです。それとは対照的に、言語哲学の概念的な道具立てを用いて経験を分析するのはそう容易ではありません。

グローバルになること

ここで、私たちが美学とみなすものの範囲を、厳密に「西洋」の美学からグローバルな美学へと広げるならば、この判断中心の見方の特異性を指摘せずにはいられません。「西洋」以外の地域の美学的伝統の大半は、美的判断に関心を持ちすぎるようなことはまったくありません。そうした美学的伝統が関心を持つのは、感情がどのように展開するのかということであり、知覚がどのように変化するのかということであり、また美的関与が社会的関与とどのように作用し合うのかということです。

最も極端な例は、イスラム美学（とくにスーフィーの伝統におけるイスラム美学）に求められます。イスラム美学が「西洋」の美学的伝統と異なる点の一つは、それが世界一般の、またとりわけ芸術作品の経験の絶えず変化し続ける性質に重きを置いていることです。そして、芸術とのかかわりに関して特別なことの一部は、こうした絶えず変化し続ける、揺らめく経験を味わうことです（一例が、私たちが周囲を動き回るのに合わせて特定の建築的特徴が見せる、意図的に異なる眺めでしょう――それはしばしば、水面にちらりと映ることによっていっそう強調されます）。この伝統は美に非常に関心を持っていますが、それは美に関する判断への関心ではなく、むしろ美が知覚系の働きという観点からいかに説明されうるか、ということへの関心です。またそれは、経験の絶えず変化し続ける、揺らめく性質に重きを置いているため、固定的な判断をしようとすることはまったくできないのです。

また、ラサ理論が、この理論においてほとんど語られることのない判断ではなく、複合的様式《マルチモーダル》の感情的経験を味わうことを主題とすることも見ました。「西洋」の人々が美的判断と呼ぶものがラサ理論において言及されることは稀ですが、そうした言及が見られるとき、それは安定した柔軟性のない判断が、実のところこの経験の玩味をいかに妨げるのかを示すためです。最後に、ややマイナーな例を挙げると、アッシリア＝バビロニアの美学において、タブリトゥという重要概念はしばしば感嘆や畏怖と翻訳されますが、それは「繰り返し、絶えず見ること」を伴うような、作品の知覚的経験であることが非常にはっきりとわかります。やはり判断ではなく展開する経験なのです。「西洋」の伝統において美的判断がこれほど重要な役割を果たしてきたという事実は、歴史的には珍事に過ぎないのです。

美的判断の概念が「西洋」美学を支配してきた——より歴史的ではない、しかしより実質的な——理由は、美的判断は伝達が容易である、という点にあります。美学的な意見の相違があるとき、私たちは美的判断について意見が相違しているのです。私はこの映画を悪かったと言い、あなたはよかったと言います。つまり、作品とのかかわりにおける間主観的で社会的な側面を理解するためには、美的判断に焦点を当てる必要がある、というわけです。第五章の主題は美学のこの対人的な側面です。

第五章　美学と他者

美学が孤独な努力であることはめったにありません。私たちは食事をともにし、友人と美術館に行き、アパートに置く家具を一緒に選びます。コンサートや映画館に行けば、同じような経験をしている人たちがたくさんいます。私たちは社会的な存在であり、社会的な側面がまったくない美的状況というのはほとんど存在しないのです。

さらに、同じ曲を聴いて同じような経験をすることは、二人の友人間の重要なつながりとなりえます。また、二人で同じ映画を観ているのに、自分が刺激的な経験をする一方で友人がひどい経験をするとしたら気まずいことがあります。

美学的な意見の一致と相違

「西洋」の美学史において、美学の社会的次元に関する議論が、美学的な意見の一致と相違という一つの問題に、一つの問題だけに支配されてきたのは、いささか残念なことです。ジョニー・ロットンとヴォルフガング・アマデウス・モーツァルト、どちらが優れた作曲家なのでしょうか。ここで汲み上げられるべき直観はモーツァルトのほうが優れているというものであり、そのことは誰もが知っています。この点については完全な美学的合意があります。もしなければ、あるべきなのです。ジョニー・ロットンのほうを好む人たちは思い違いをしています。彼らはもっとモーツァルトを聴くべきであり、そうすればみずからの過ちに気づくでしょう。

ある意味で、ジョニー・ロットンとモーツァルトの比較というのはばかげています。深夜の白熱した議論で、一人が（真剣に）ジョニー・ロットンの味方をし、もう一人がモーツァルトを擁護する、というようなことは、おそらくほとんどないでしょう。しかし、私たちは美的な問題について論争することがとても多いです。実際、これは私たちが論争する最も重要な事柄の一つです。バッハかヘンデルか。フリーダ・カーロかディエゴ・リベラか。あるいは、これらがあまりにも高尚に思えるなら、ビートルズかローリング・ストーンズか。『となりのサインフェルド』か『アレステッド・ディベロプメント』か。どの「ワイルド・スピード」シリーズか。しかしまた、芸術から離れるならば、ハン・ソロとルーク・スカイウォーカーのどちらが魅力的か。パリはバルセロナより美しいか。コーヒー豆は深煎りか浅煎りか。ステーキはレアとミディアムレアのどちらがおいしいか、などなど。

このような意見の相違を解決するための最良の選択肢を二つ紹介しましょう。一つは意見の相違を認めることです。あなたはこれが好きで、私はあれが好き。どちらが正しいということはなく、どちらも正しいのです。もう一つは、どちらかが完全に間違っているという選択肢です。二つの選択肢のうちどちらがもっともらしく思われるかは、どのような例を選ぶかによるでしょう。ジョニー・ロットン対モーツァルトのケースは、二つ目の選択肢を支持するための汚いやり口です。またフリーダ・カーロとディエゴ・リベラの例は、一つ目の選択肢を支持するものとみなせるかもしれません。

美学的な意見の相違を、もっとつまらないものについての意見の相違と比較してみましょう。私とあなたがある絵画を見て、私はそれを四角形と言い、あなたは三角形と言うとしたら、（少なくとも）どちらかが完全に間違っています。しかし、同じ絵画を見て、その美的な質をめぐって意見が分かれるとしたら、事はそれほど自明ではありません。
また、明らかに「主観的」な意見の相違にかかわる比較もあるでしょう。同じ絵画を見て、私は祖母を思い出すと言い、あなたは祖母を思い出さないと言うとしても、この二つの意見は（たとえ私たちの祖母が同一人物であったとしても）互いに矛盾しません。私は正しいし、あなたも正しいのです。

問題は、美学的な意見の相違が「四角形対三角形」の相違に近いのか、「祖母を思い出すかどうか」の相違に近いのか、ということです。そして、「西洋」美学の中心的なテクストのいくつかは、純粋に「主観的」な意見の相違（祖母にかかわるようなもの）と純粋に「客観的」な意見の相違（形にかかわるようなもの）とのあいだの中間的な立ち位置を切り開こうとしてきました。

ヒュームの革紐つきの鉄の鍵の話を覚えているでしょうか。彼がこのたとえ話をした理由は、まさに美学的な意見の一致と相違という問題に取り組むためです。二人のワイン専門家が意見を異にします。一人は鉄の味に気づき、もう一人は革の味に気づくのです。しかし、どちらも正しいことがわかります。彼らはどちらも正しいのですが、それは趣味判断が完全に「主観的」だからではなく、その趣味判断に「客観的」な根拠——革紐つきの鍵――があるからです。しかし、もし三人目の専門家がそこに加わり、このワインは硫黄の味がすると言うとしたら、それはまったくの間違いでしょう。趣味判断には、何が祖母を思い出させるのかについての判断よりは制限がありますが、形についての判断ほど制限はないのです。

美学は監督するためのものではない

この美学的な意見の相違をめぐる議論という点に関して必ず登場するのが、歴史の古い怪しげな言葉、すなわち規範性なるものです。美的評価にはある種の規範的な力がある、というわけです。特定の対象を鑑賞する際には、ある種の判断をすべきなのです。そうした判断をしないとしたら、それは誤りであり、すべきことをしていないということです。

一般に、美学の領域はこの点において道徳の領域に似ていると考えられています。いずれの領域においても、肝心なのは何をすべきかであり、実際に何をするかではないとされます。倫理学は、私たちが嘘をつくべきか、盗みをすべきか、ベジタリアンになるべきかを教えてくれます。そして美学は、私たちがいつ、どのような美的経験をすべきかを教えてくれるのです。

規範性は私たちがすべきことにかかわります。また、美的生活の多くの側面は、いくつかの点で非常に規範的なものです。私自身、美学は「西洋」を特権化すべきではないという、かなり規範的な主張をしてきましたし、今後もし続けるつもりです。またたとえば、ある演奏が（たんにランダムな音の演奏ではなく）特定の楽曲の演奏とみなされるために楽曲の演奏者が何をすべきか、ということに関して、少なくともいくつかの規範的主張をすることなく、確立された美的実践について語ることは困難でしょう。美的領域について語るとき、「べき」という言葉はいたるところに現れます（本書でもいたるところに現れます）。

それにもかかわらず、これはいくら強調してもしすぎることはありませんが、美学は規範的な学問分野ではありません。倫理学の中には、実際に規範的な主張にかかわるものがあるかもしれません（まあ倫理学には「規範倫理学」と呼ばれる分野がありますから、それはよい候補になるでしょう）。しかし美学はそうではありません。美学とは本来、何をすべきかを主題とするものではないのです。それは、どのような状況において、実際に何をするかを主題とするものです。

ベジタリアンになるべきか、それとも肉を食べ続けるべきかについて、倫理学の著作があなたを説得してくれると期待するかもしれません。しかし、いかなる美学の著作にも、その種のアドバイスを期待すべきではありません。美学とは、どの作品を無視すべきというように、何をすべきかを教えようとするものではありません。美学品を称賛し、どの作についてこのように考えることによって、多くのアーティストが抱いている、学問分野としての美学に対する強い不信感を払拭するのに大いに役立つかもしれません。というのも彼らは、美学というのは、自分たちが何をしてよくて何をしてはならないか、そしてもっと重要なことには、自分の作品に対してどのような反応がふさわしいか、といったことを教えるものだとしばしば感じているからです。

倫理学の中には、道徳的な問題における行動を監督することを主題とする分野もあるかもしれません。しかし美学は、美的な反応を監督することを主題とするものではありません。あなたの美的な反応は現にあるがままのものであり、それを誰にも監督させるべきではないのです。結果として、美学において規範性のような言葉が少しでも現れる場合には、大いに疑いの目を向けるべし、ということになります。

そしてこれは、美学的な意見の相違をめぐる議論における「規範性」のような言葉についても同様です。一般に、美的判断や美的評価は「規範的な力」を持つと考えられていま す。これは多くの意味に取ることができます。たとえば、美的反応には正解や間違いがある、という意味です。好きになるべきではない作品を好きになってしまったら、まったくの間違いだというわけです。名作を気に入らないとしたら、やはり間違いです。特定の作品を前にしたら特定の感情的・美的反応をすべきなのです。さもなければ、その人の美的反応はあるべきものではありません。そのような反応をするのは間違いなのです。

美的なものに関するこうした考え方の権威主義的なニュアンスを好まなければ、この説明が美学に関する非常に特殊な（また非常に「西洋」中心の）考え方に深く根ざしていると認識することが重要です。美的判断に関しては、いかに規範的な主張をしうるかはわかりやすいです。判断というのは正しいか間違っているかであり、間違っていることのほうが多いのです。しかし、私たちの関心が判断ではなく経験にある場合、いかに規範的な主張を理路整然としうるでしょうか。試してみましょう。経験には正解も間違いもありませんが、正確か不正確かはあります。たとえば、知覚的な錯覚は不正確なのです。暗すぎて物体の色を誤認することがあるように、美的経験にも錯覚的なものがあるのです。

重要なことに、こうした論法がうまくいくのは、私が美学に対する美容室アプローチと呼んだものに同意する限りにおいてです。美学に対する美容室アプローチとは、ある経験が美的経験になるのは、それが美しいものにかかわるからであり、また美しいものと美しくないものとのあいだには厳然たる境界線がある、という考え方です。不正確な美的経験をするとき、私たちは美しいものを美しくないものとして（あるいは美しくないものを美しいものとして）経験する、というわけです。

しかし、美学に対する美容室アプローチが必ずしも魅力的な考え方ではないことは、すでに見ました。ある経験が美的なものになるのは、それが美しいものにかかわるからではありません。それが美的なものになるのは、注意力を行使する仕方のためです。そして、注意力を行使する仕方には、正確も不正確もありません。ですから、経験には正確なものも錯覚的なものもあるかもしれませんが、経験が美的なものになるうえで、その正確さは何の関係もないのです。それに大いに関係するのは、注意力の行使の仕方です。

美学的な意見の相違をめぐる議論に戻りましょう。問題は、美学的な意見の相違が、絵画の形についての意見の相違（あなたは三角と言い、私は四角と言う）のようなものなのか、それとも絵画が祖母を思い出させるかどうかについての意見の相違のようなものなのか、ということです。しかし、このような問いを立てる時点で、美学に対する美容室アプローチを当然視しているのです。

もし美的関与にとって重要なことが、知覚対象に帰属する特徴とはほとんど関係がないとすれば、対象に帰属する他の特徴、たとえば、形や祖母を思い出させるかどうかについての意見の相違との比較は無意味なものとなります。

同じ芸術作品や風景を見ても、私の経験とあなたの経験は大きく異なるかもしれません。しかし、この違いを意見の相違と表現してしまうと、（経験よりもむしろ）美的判断に重きを置くことになるか、美容室アプローチに私たちを全面的に委ねることになってしまいます。

同じ芸術作品や風景を前にして、あなたと私が異なる経験をすることは、私たちにとって重要なことです。それは、形や、何が誰に祖母を思い出させるかについての意見の相違よりも、ずっと重要なことなのです。また、美的関与の社会的次元を美学的な意見の相違に矮小化してしまうと、美学が日常生活や日々の社交においてどれほど重要なものであるかを認識しそこなうことになります。

少々恥ずかしいですが、一つだけ例をご紹介します。美学の社会的次元は、とりわけ若いころに重要であるように思われます。というのも若いころというのは、たとえば音楽の趣味が同じ人たちとつるんだり、音楽の趣味が違う人たちを見下したりしがちだからです。私は高校生のとき（そして第四章で見たように、とてもスノッブだったとき）、ドイツ語を学ぶという名目で、ドイツでひと夏を過ごしました。一人のドイツ人の女の子と恋に落ち、二人でいろいろなところに出かけたあとおつきあいが始まり、彼女の部屋に行くことになりました。そこで最初に見た記憶があるのは、巨大なエロス・ラマゾッティのポスターでした。彼女は、ほかならぬこのイタリアのポップシンガーのファンだったのです。

まさにそこには、美学的な意見の相違が明確にありました。さしあたり、私はエロス・ラマゾッティのファンではなかったとだけ言っておきましょう。しかし、そのちょっとしたピンチはなんとか切り抜けました。私がそれ以上耐えられなくなったのは、彼女がロマンチックなムードを盛り上げるために、部屋を暗くしてエロス・ラマゾッティのCDをかけたときでした。美的な問題に関する意見の相違は構いませんでした。しかし、エロス・ラマゾッティの音楽をロマンチックな経験として共有するよう強いられるとなると一線を越えていたのです。

美学的な意見の相違が重要であることには疑いがありません。しかし、美的経験の共有に成功するか失敗するかは、それよりもずっと重要なことです。そして、美的経験の仕方には正解も間違いもないのです。

だからといって、美学においては何でもありだというわけではありません。芸術作品の中には、明らかに非常に特定の反応を引き起こそうとするものがあり、もしあなたが逆の反応をするとしたら、何かがうまくいかなかったということです。たとえば、美術館でお気に入りの絵画の前に座っているとします。あなたは、美術館でその絵画を前にして、できると知っている、またある意味ではすべきであると知っている経験をしそこなっています。あなたはある重要な意味において失敗しているのですが、しかしこれは監督する必要のあるような失敗ではないのです。

すでに見たように、特定の特徴に注意を引きつけることによって、人の美的経験は変えることができます。これは、経験の違いへの対処法として、逸脱的な経験を取り締まるよりもずっとよいやり方です。監督をしないからといって、無秩序状態に陥るわけではありません。運がよければ、監督をしないことによって、対話、平和的共存、多様性といったものがもたらされるのです。

規範性とその濫用に話を戻しましょう。規範性への呼びかけのうち、より控えめだけれども害が少ないわけではまったくないものに、美的評価の普遍的な呼びかけに関するものがあります。それは、特定の芸術作品が特定の美的反応を要求する、というだけではありません。むしろ、ある美的反応をするとき、他の誰もが同じ反応をする、あるいは少なくともするはずだという暗黙の思い込みがあるのです。これはイマヌエル・カントの考えで、「西洋」美学に長きにわたって影響を与えてきました。

カント哲学の知的達成に畏敬の念を抱きつつ、丁寧に言おうとしているのですが、これは美学史上、最も傲慢な考え方の一つです。他の誰もが自分と同じ反応をするはずだと暗黙裡に思い込んでいるとしたら、人類の多様性や人々の文化的背景の多様性を相当過小評価しているということです。そして、私たちがすることには何であれ、普遍的な呼びかけや普遍的な伝達可能性があると考え（たり、思い込んだり、感じたりし）たくなるときにはいつでも、立ち止まって、私が「美学的な謙虚さ」と呼ぶもの——地球上の文化の膨大な多様性と比べるとき、私たちの立場や文化的背景がいかに偶発的なものであるかに思いをはせること——を発揮するよい機会でしょう。このテーマについては、第七章でふたたび取り上げる予定です。

実生活における美学的な意見の相違

美学的な意見の一致や相違に関する真の問題は、誰が正しくて誰が間違っているかということではありません。それは、経験が、注意、背景となる信念や知識、そして過去の接触といったものの配分にいかに依存しているか、ということにかかわります。これらのものがいかに経験を変化させうるかを知ることで、美学的な意見の相違を解決するうえで大いに役立つことがあります。

私は以前、映画批評家として働いていたことがあります。この仕事のよいところの一つは、多くの場合自分が審査委員になっている映画祭に行けることでした。映画祭の審査委員には、有名な俳優や女優に会ったり、高級ホテルに泊まったりという華やかな側面があります。しかしそれは、くたくたになったり、しばしば頭にきたりする経験になることもありました。

映画祭では、多くの場合世界の非常にさまざまな地域出身の、自分とは映画の趣味が大いに異なる四人の人物とともに審査委員を務めます。しかし、どの作品が受賞すべきかについて、何らかの決断を下さなければなりません。また、決断に際してはつねに厳しい締め切りがあります。真夜中までに映画祭の主催者にタイトルを伝えなければならないのです。すでに夜の一一時ですが、どの作品についてもまったく意見は一致していません。これが実生活における美学的な意見の相違であり、この意見の相違を解決することは、ヒュームがけっして助けてはくれない仕事です。何度か審査委員を務めたあと、美学的な意見の相違をめぐる陳腐な議論が、私には非常に違って見えるようになりました。

これらの審査委員会で行われていることは、経験の共有ではなく難しい美的判断です。私たちは、ある作品が他の作品よりも優れていることに合意しなければなりませんでした。ところが実際には、審議の進み方はそれとは逆であることがつねでした。まず、いくつかの作品は明らかに受賞しないだろうということに合意しなければなりませんでした。これはまだ簡単なほうでした。しかし、残り四、五作品になると、明らかに険悪な雰囲気になりました。

他の批評家が気に入った作品が、実は独創性のない陳腐なものであることを、どうやって合理的に納得させるのでしょうか。残念ながら、その答えは、「しない」「できない」でしょう。このような議論には、合理的なところは些かもありませんでした。そして悲しいことに、どの批評家も夢中にはならなかったけれども、全員が受賞作として受け入れることはできるような作品に賞が贈られることがよくありました。

説得は合理的なものではありませんでしたし、合理的であろうとする批評家を私はほとんど見たことがありません。（経験豊富な批評家の中には、ある種の心理戦を試みて、審査委員会のかなり前から、また多くは上映期間中に、いくつかの作品を計画的に中傷したり、ときにはそれに対抗する準備を無意識にしたりする人もいました。こうした心理戦も合理的なものではなく、より感情的なレベルでの争いでした。ただ、ここから美学一般にとって学ぶべきことは、批評家の悪賢さのほかにあまりないように思うのですが……。）

これらの審査委員会で起こったほとんど唯一のことは、他の批評家たちに作品の特定の特徴に注意してもらおうとすることでした。映画は時間芸術であるため、これは絵画や小説について判断する場合ほどわかりやすくはありません。これらの作品のうちには、鑑賞後何日も経っているものもあり、私たちが注目できるのは、作品そのものというよりも、むしろ作品の記憶でした。

それでも、ほとんどすべての議論は実際、他の批評家たちの注意を、それまで気づかれていなかったある特徴に向けさせるための方法となりました。その特徴に注意を向けることによって――作品を否定することが目的である場合には――、ネガティヴな美的差異が生じることがありました。しかし、それによってポジティヴな美的差異――なぜこの作品が他の作品よりも優れているのかについての議論――が生じることもありました。

そして実際、これこそ、批評家が審査委員を務めるときだけでなく、批評を書くときにもすべきことなのです。これこそ、優れた批評家が実際に行っていることなのです。アメ

人文書院
刊行案内

2025,2

白群色

※背景に生成AIを使用したイメージ写真です

批評の歩き方

ここは砂漠か新天地か。
noteの人気連載「批評の座標」、ついに書籍化。各論考を加筆修正し、クエストマップ、座談会、ブックリストを増補。さまざまな知の旅路を収録した「批評ガイド」の決定版。新たな冒険者をもとめて！

赤井浩太／松田樹 編
¥2750

【寄稿者一覧】（掲載順）
赤井浩太（編者）／小峰ひずみ／松田樹（編者）／韻踏み夫／森脇透青／住本麻子／七草繭子／後藤護／武久真士／平坂純一／渡辺健一郎／前田龍之祐／安井海洋／角野桃花／古木獠／石橋直樹／岡田基生／松本航佑／つやちゃん／鈴木亘／長濵よし野

【対象の批評家一覧】
小林秀雄／吉本隆明／柄谷行人／絓秀実／東浩紀／斎藤美奈子／澁澤龍彥／種村季弘／保田與重郎／西部邁／福田恆存／山野浩一／宮川淳／木村敏／山口昌男／柳田國男／西田幾多郎／三木清／江藤淳／鹿島茂／蓮實重彥／竹村和子……

詳しい内容や目次等の情報は以下のQRコードからどうぞ！

■小社に直接ご注文下さる場合は、小社ホームページのカート機能にて直接注文が可能です。カート機能を使用した注文の仕方は**右のQRコード**から。
■表示は税込み価格です。

〒612-8447 京都市伏見区竹田西内畑町 9
TEL075-603-1344／FAX075-603-1814
編集部 X（Twitter）:@jimbunsho
営業部 X（Twitter）:@jimbunsho
mail:jmsb@jimbunshoin.co

新刊一覧

ブロッホ、グラムシ、ライヒ
敗北後の思想
植村邦彦 著

社会の問題と格闘した、20世紀のマルクス主義の思想家ブロッホ、グラムシ、ライヒを振り返りつつ、エリボンやグレーバーを手がかりとして新しい時代を考える。

¥2640

戦争はいつでも同じ
スラヴェンカ・ドラクリッチ 著
栃井裕美 訳

知識人の戦争協力、戦後の裁判、性暴力―普通の人びとの日常はどのように侵食され、隣人を憎むにいたるのか。鋭く戦争の核心に迫ったエッセイ。

¥3080

優生保護法のグローバル史
豊田真穂 編

基本的人権を永久に保障すると謳うGHQの占領下で、この法律はなぜ成立したか？　その背景を、世界的な優生政策・人口政策・純血政策の潮流のなかに探る。

¥3960

増補新装版
思想としてのミュージアム
村田麻里子 著

日本における新しいミュゼオロジーの展開を告げた旧版から十年、植民地主義の批判にさらされる現代のミュージアムについて、欧州と日本の事例を繙きながら論じる新章を追加。

¥4180

茨木山間部の信仰と遺物を追って
関西の隠れキリシタン発見
マルタン・ノゲラ・ラモス／平岡隆二 編

宣教師たちの活動や「山のキリシタン」の子孫たちの生活とはどのようなものであったのか？　九州だけではない関西茨木キリシタンの全体像を明らかにする。

¥2860

美学入門
ベンス・ナナイ 著
武田宙也 訳

従来の美的判断ではなく、人間の「注意」と「経験」に着目し、異文化における美的経験の理解も視野に入れた、平易かつ大胆、斬新な、美学へのいざない。

¥2860

ヴァレリーとのひと夏
レジス・ドゥブレ 著
恒川邦夫 訳

かつてヨーロッパの知性を代表する詩人・思想家として崇められたポール・ヴァレリー。メディオロジーの提唱者である思想家ドゥブレが、IT時代の現代に生き生きと蘇らせる！

¥3080

スキゾ分析の再生
フェリックス・ガタリの哲学
山森裕毅 著

最も謎めく「スキゾ分析」の解明を主眼にしつつ、独自の概念や言葉が意味するものを体系づけ、開かれたものにしてゆく。今後の研究の基礎づけに挑んだ意欲作。

¥4950

新刊一覧

移民都市

レス・バック／シャムサー・シンハ 著
有元健／挽地康彦／栢木清吾 訳

排外主義が渦巻くこの時代、ロンドンの移民青年たち30人と継続的に対話を重ね、その苦悩や格闘の軌跡をつぶさに辿る。

¥5280

果てしない余生
ある北魏宮女とその時代

羅新 著
田中一輝 訳

南北朝の戦争によって北方に拉致され、宮女となった慈慶。その激動の生涯と北魏の政治史を、正史と墓誌を縦横に駆使し、鮮やかに描く斬新な一冊。

¥5500

神道・天皇・大嘗祭

斎藤英喜 著

神々と天皇、国家と宗教が絡み合う異形の姿。大嘗祭の起源から現代までと、それを巡る論争と思想を描き出し、空前のスケールで歴史の深みへと導く渾身の大作。

¥7150

病原菌と人間の近代史
日本における結核管理

塩野麻子 著

結核の全人口的な感染が予期された近代日本社会において、感染後の身体はいかに統御されるのか。「結核の潜在性」をめぐる、新たな視座を提示する。

¥7150

21世紀の自然哲学へ

近藤和敬／檜垣立哉 編

地球が沸騰するいま、哲学は何を思考し、どう変わりえるのか。多様な理論を手掛かりにした気鋭たちによる熱気みなぎる挑戦。

¥5500

一九六八年と宗教
全共闘以後の「革命」のゆくえ

栗田英彦 編

「一九六八年の革命」と「宗教的なもの」は、いかに関係を取り結んだか。既存の枠組みでは捉えきれない六八年の運動の秘められた可能性を問う画期的共同研究。

¥5500

クライストと公共圏の時代
世論・革命・デモクラシー

西尾宇広 著

フランス革命とナポレオン戦争の衝撃に劇震する世紀転換期に、クライストが描くデモクラシーの両義性と知られざる革命的文脈を掘り起こす。

¥7480

史録 スターリングラード
歴史家が聞き取ったソ連将兵の証言

ヨッヘン・ヘルベック 著
半谷史郎／小野寺拓也 訳

独ソ戦最中に聞き取られ、公文書館にながらく封印されていた貴重な速記録、待望の邦訳！　ソ連側の視点から見た独ソ戦。

¥8250

今回のイチオシ本

アーレントと黒人問題

黒人問題はアーレント思想の急所である

キャスリン・T・ガインズ 著
百木漠／大形綾／橋爪大輝 訳
¥4950

ユダヤ人としてナチ政権下で命の危機に晒された経験を持つアーレントが、アメリカでの黒人問題については差別的な発言・記述を繰り返したのは何故だったのか。アーレント思想に潜む「人種問題」を剔抉する。

2刷

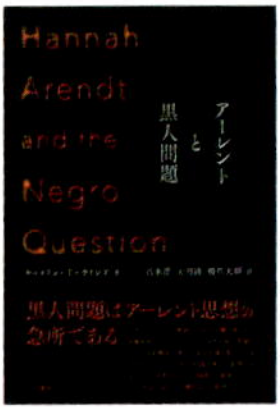

重版

言　葉

作家はいかにして自らを創造したか？

ジャン・ポール・サルトル 著
澤田直 訳
¥3300

自らの誕生の半世紀も前からの家系から筆を起こし、幼年時代をつぶさに語りながら、20世紀を代表する、この作家・哲学者が語ろうとしたものは何か。きわめて困難な「言葉」との闘いの跡を示す、「文学的」自伝の傑作を新訳・詳細注・解説で送る。気鋭のサルトリアンに

メディア論集成

『電子メディア論』増補決定版

大澤真幸 著
¥4180

メディアによって身体と社会はいかに変容するのか。その問いを、機械的技術のみならず、文字や声にまでさかのぼり原理的に思考した、大澤社会学の根幹をなす代表作。関連文書を大幅増補した決定版。

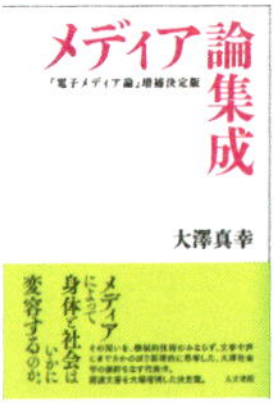

韓国ドラマの想像力

社会学と文化研究からのアプローチ

平田由紀江／森類臣／山中千恵 著
¥2420

韓国ドラマには何が託されているのか、社会のリアルと新たなつながりの想像。2010年代以降にヒットした韓国ドラマを、経済格差、教育、国家権力、軍事、フェミニズムなど、多様な視点から社会学的に読み解く。ドラマ案内、韓国研究入門としても最適な一冊。

リカを象徴する映画批評家のポーリン・ケイル（一九一九〜二〇〇一年）がそうであったように、批評家は批評を一つの芸術形式と考えません。筋《プロット》を要約しません。筋と非常にゆるやかに結びついた子ども時代の思い出を語りません。気に入った点や気に入らなかった点について語りません。そうではなく、批評家の仕事とは、それがなければ気づかなかったであろう特徴に注意を向けさせることです。こうした特徴のいくつかに注意を向けることで、経験がすっかり変わることがあるのです。

これらの特徴には構造にかかわるものがあるかもしれません。たとえば、小説の一二ページに出てきたテーマが一三四ページにふたたび登場し、そしてまた四三二ページと五六三ページにも現れることや、それによって他の仕方では構造化されない物語が構造化されるといったことです。また、たとえばある音楽作品が他の音楽作品からメロディを引用しているというような、他の芸術作品とのつながりにかかわるものもあるかもしれません。こうした特徴のいくつかに注目することで、経験がよりやりがいのあるものになるかもしれません。また、そうであるとすれば、批評を読むことは真に努力に値するものとなります。

実例をお示ししましょう。図四は受胎告知を描いた一五世紀イタリアの小品です。画家

（ドメニコ・ヴェネツィアーノ、一四一〇ごろ～六一年）は、対称軸でちょっとした遊びをしています。左右対称の建物は中心からずれていて、画面の中央より左側に寄っています。また、「アクション」も中心からずれていますが、こちらは左側ではなく右側に寄っています。この三つの対称軸（建物の軸、画面そのものの軸、そしてマリアと大天使の真ん中にある軸）の相互作用に注意を払うことは、誰もがすぐに気がつくことではありません。しかし、それを指摘され、注意がそこに引きつけられると、大きな美的差異が生じることがあります。

純粋に量的な観点から言えば、文字通り何十万ものブログやウェブサイトが存在する今日ほど批評が多い時代はありません。しかしこのことは、批評が危機に瀕していることをいっそう明白にするものに過ぎません。イギリスの文芸批評家テリー・イーグルトン（一九四三年～）が三〇年以上前（ブログ登場のはるか以前）に雄弁に語っていたように、「今日、批評は実質的な社会的機能をことごとく喪失している。それは文学産業のPR部門か、そうでなければ、もっぱら学術機関《アカデミー》の中の問題でしかない」のです。この当時から変わったことがあるとすれば、あまり他のことをせずに、映画、音楽、テレビ番組といった事柄についてて（多くの場合、生の観客を前にして）意見を述べるセレブ批評家が登場したことくら

図四　ドメニコ・ヴェネツィアーノ《受胎告知》（一五世紀）、ブイッツウィリアム美術館、ケンブリッジ（Granger Historical Picture Archive/Alamy Stock Photo）

いです。しかし、批評家が対価に見合った仕事をしさえすれば、つまり美的差異を生み出しうる特徴に読者の注意を導きさえすれば、批評の社会的機能を回復することは可能なのです。

フランスの小説家アンドレ・マルロー（一九〇一〜七六年）は、芸術について書くことの第一の目的は、読者が芸術を理解できるようにすることではなく、芸術を愛するように説得することである、と述べました。もちろん、芸術について講釈を垂れるほうがずっと容易いですが、批評家は、読者が作品を愛するように説得するような仕方で作品に注意を向ける手助けをしてこそ自分の仕事をしたことになるのです。

実生活における美学的な意見の一致

映画祭の審査委員の経験から学んだもう一つの重要な教訓は、奇妙なことに、美学的な意見の相違ではなく、意見の一致に関することでした。私は、何人かの批評家に何度も同意していることに気づきました。彼らはまったく別々の大陸出身で、多くの場合私より五〇くらい年上であるにもかかわらず、です。そこで私は、アメリカ在住の二〇代のハンガリー人と、たとえば香港在住の七〇代のアルゼンチン人の美的評価が一致するのはどうしてなのか、と考えるようになりました。

また、より頻繁に気づくようになったのは、これらの批評家と私は、非常によく似た映画を見て育ってきた、ということです。私たちが映画祭の出品作の中で同じ作品を好むのは、一〇代のころに見た映画によって、その作品を好きになる準備ができていたからなのです。これは当時は直感でしたが、結論から言えば、この直感を支持するような信頼に足る心理学的な調査結果がいくつかあります。

すでに見たように、単純接触効果はよく知られた現象です。それは、過去にある刺激に繰り返し触れると、その刺激に対して肯定的な評価をする可能性がより高くなる、というものですが、この効果は美的領域にも存在します。しかし、単純接触に関する調査結果には二つの異なる種類があり、その区別が重要です。第四章で言及した実験（コーネル大学の教授が、授業内で一見ランダムな印象派絵画が混ざったスライドを見せた実験）は、ある特定の絵画に触れると、その絵画がより好きになる、というものでした。しかし、単純接触に関する調査結果には、ある種類のものをインプットすると、その種類のものをインプットすることをより好むようになる、というものもあります。つまり、印象派絵画をたくさん見ると、それまで見たことのない他の印象派絵画をより好きになるかもしれないのです。

そしてこれは、以前どんな作品を見たことがあるのかが、今後どんな作品を好きになるのかに深く影響する、ということです。

人格形成期に一九六〇年代のフランスやイタリアの形式主義《フォーマリズム》的なモノクロ映画を観ていたら、それに大まかに（つまり構図や物語の点で）似ている映画が好きになるでしょう。これはブダペストで育とうがブエノスアイレスで育とうが変わりません。

音楽においては、単純接触効果ははるかに顕著かもしれません。人格形成期にどのような音楽を聴いたか（とりわけ幼少期の初めや一〇代のころの接触）が、大人になってからどのような音楽に惹かれるのかに大きな影響を与えるのです。音楽の好みは変わりますし、ガラリと変わることもしばしばです。しかし、だからといって、昔からのお気に入りがたんに上書きされるわけではありません。それは、どのような音楽を好きになるのかに、つねに影響を与えるでしょう。

第四章では、美的嗜好の変化がいかに気づかれにくいか、というところから、単純接触効果の気がかりな面について書きました。しかし、単純接触効果は悪いことばかりではありません。美的嗜好が非常に特殊な文化的・知覚的背景に根ざしていると知ることにより、美学的な傲慢さを抑制するのに役立ち、美学的な謙虚さへと後押しされることがあるのです。

美学的な謙虚さ

もしあなたが八歳のころからスラッシュメタルを聴いてきたとしたら、インドネシアの伝統的なガムラン音楽だけを聴いて育った人とは非常に異なる美的嗜好になるでしょう。ここまでは何も驚くことはありません。あなたはガムランファンが聴き取りさえしないようなニュアンスにも敏感になるでしょう。スラッシュメタルに関しては、ほとんどの人が気づかないような特徴に注目することができるのです。

スレイヤーのどのアルバムを聴くべきか知りたいときには、おそらく私はガムラン通の友人ではなく、ずっと信頼できる情報源であるあなたの言うことを信じるでしょう。しかし話はこれで終わりではありません。スラッシュメタルに触れてきたというだけで、あなたは特定の音楽形式やリズムに対する美的嗜好を持つようになり、それはおそらく他のあらゆる音楽作品に対するかかわり方にも影響を与えることになるのです。

たとえば、あなたとガムラン好きの友人の両者に、二〇世紀初頭のウィーンの無調音楽や、かなり不協和音的なニューヨークのフリージャズを聴かせたとします。二人とも、気に入る曲もあれば気に入らない曲もあるでしょう。しかし、あなたがこの曲を好きで、あの曲を嫌いな理由の一部はスラッシュメタルに触れてきたことです。（私がここでスラッシュメタルを否定しようとしているわけではないことをおわかりいただけるとよいのですが――無調に習熟した人が初めてスラッシュメタルを聴くときにも同じことが起こるでしょう。）また、ガムランに習熟した友人は、ガムラン音楽に触れてきたというだけで違う曲を好きになるでしょう。

ここには美学的な意見の相違がある、とおっしゃるかもしれません。しかし、そうでしょうか。この例からわかるのは、私たちは特定の芸術作品（や他の刺激）に過去に触れたという非常に特殊な観点から美的評価を下している、ということです。だからといって、過去の接触が美的評価を完全に規定してしまう、というわけではありません。しかし、それは美的評価を固定し、美的評価の中につねに現れるでしょう。この意味において、あらゆる美的評価は評価者の文化的・知覚的背景と結びついているか、それと相関的なのです。無調作品に対するあなたの評価は、スラッシュメタルという文化的背景と結びついていま す。まったく同じ作品に対する友人の評価は、ガムランという背景と結びついています。

誰が正しくて誰が間違っているのかを問うことに意味はありません。美的評価が評価者の文化的背景と相関的であるとしたら、実際のところそこには美学的な意見の相違は存在しないのです。なぜなら、あなたはスラッシュメタルという文化的背景と相関的な評価をし、ガムラン好きの友人は非常に異なる文化的背景と相関的な評価をしているわけですから。

だからといって、美的評価に関していかなる事実もないということではありませんし、また美学に関しては何でもありということでもありません。ただ、美的評価は評価者の文化的背景と関連があるということです。まったく同じ文化的背景を持つ二人の評価者が意見を異にするとしたら、実のところそれこそが正真正銘の美学的な意見の相違でしょう。その場合、片方は正しく、もう片方は間違っているでしょう。

スラッシュメタルと無調音楽の例を、ちょっと極端なものにしてしまいました。一種類の音楽しか聴かない人はいません。たとえスラッシュメタルの大ファンであっても、(ショッピングモールでかかっているジャスティン・ビーバーのように)他の音楽を一切遮断することなどできません。しかしだからといって、美的評価は文化的背景と相関関係にある、という主張の説得力が変わるわけではありません。ここから言えるのは、美的評価をする際にはみずからの文化的背景に自覚的であるべきだということです。美的評価とは普遍的な基準のようなものではありません。それは、非常に偶発的な文化的背景に深く根ざした、非常に特殊な事柄なのです。ですから、美的な物事に関しては何であれ、かなり謙虚に論じるべきなのです。

第六章　美学と人生

美学は特別な瞬間を主題とするものです。しかし、そうした瞬間とは、それ以外のときには退屈な日々のルーティンにおける孤島なのでしょうか。私はそうは思いません。運がよければ、朝食前に三つも美的経験をすることだってあるのです。

しかし、芸術だけでなく、あらゆる美的な物事とのかかわりは、より平凡な仕方で私たちの人生に影響を与えることもあります。すなわち、お気に入りの映画の登場人物のような格好を（おそらく意識せずに）したり、シットコムで覚えたフレーズを使ったり、といったことです。また、前衛写真家ベレニス・アボット（一八九八〜一九九一年）が言うように、写真を見ることは人々がものを見る助けとなります。美学と人生は、あらゆるレベルで絡み合っているのです。

芸術作品としての人生?

人生にとって美学が重要だからといって、安っぽい自己啓発的なスローガンに頼る必要はありません。そうした自己啓発的な考え方の中でも、驚くほどポピュラーで影響力もあるのが、人生を芸術作品にするべきであるとか芸術作品とみなすべきである、というものです。私の言うことが、これといかに違うのかをはっきりさせたいと思います。

ヨハン・ヴォルフガング・フォン・ゲーテ(一七四九~一八三二年)やフリードリヒ・ニーチェ(一八四四~一九〇〇年)からマルセル・デュシャン(一八八七~一九六八年)に至るまで、「西洋」近代のあらゆる重要人物がこうした比喩の何かしらのバージョンを支持しています。オーストリアの小説家で『特性のない男』の著者であるロベルト・ムージル(一八八〇~一九四二年)は、この自己啓発的なアドバイスの文言を極限まで誇張して楽しんでいたほどです。

ときどき休養を取って穴だらけにしなければならない生活なんて何でしょう! ある絵が私たちの美意識に過大な要求をするからといって、その絵に穴をあけるでしょうか。

目をこらしてよく見れば、芸術作品がきちんと構成され、首尾一貫した統一体であった一九世紀には、この芸術作品としての人生という考え方が、何らかの意味を持ちえたことがわかるのかもしれません。みずからの人生を、ジェーン・オースティン（一七七五～一八一七年）の小説――つまり起承転結があり、またそれらを結びつける、ほどよく首尾一貫した、しばしば感動的な筋を持つ小説――のようなものにしようと努める人がいるのはわかります。しかし人生を、文字通り何も起こらないマルグリット・デュラス（一九一四～九六年）の小説や、恐ろしいことばかり起こるロベルト・ボラーニョ（一九五三～二〇〇三年）の小説のようなものにすることは、大変趣味の悪い企てでしょう。

より一般的な問題は、芸術があまりにも人生のようになってしまったということです。実際、この半世紀ほど（少なくともフルクサスやポップアート以降）の芸術運動の一大スローガンは、芸術と人生を切り離すべきではない、というものでした。つまり、芸術が人生のようになるとすれば、人生を芸術作品にすることは意味がないか、端的に時代錯誤《アナクロニズム》であるかのどちらかなのです。視覚芸術の中にはアーティストが実際に絵に穴をあけるというサブジャンルもありますが、このことはムージルの引用をさらに笑えるものにします。

しかし、私には寛容さが足りないのかもしれません。もしかするとそのスローガンの主旨は、人生を芸術作品にすべきだということではなく、人生に対する姿勢が芸術作品に対する姿勢のようなものであるべきだ、ということなのかもしれません。

こうしたアプローチにも英雄がいないわけではありません。アルベール・カミュ（一九一三～六〇年）は、ほとんど忘れ去られた小説『幸福な死』（一九三八年）の中で、「あらゆる芸術作品同様、人生もまた、私たちがそれについて考えるよう求めるものである」と書いています。気のきいた言い回しですが、芸術作品への言及は実にミスリーディングです。哲学書、ホワイトハウス発のニュース、シンデレラの靴は彼女にぴったり合っていたのになぜ脱げてしまうのかという謎など、私たちがそれについて考えるよう求めるものはたくさんあるのです。

したがって、この点において芸術作品は、人生の比喩としてとくに有用なものではありません。また、確かに芸術作品の中にはそれについての思考を求めるものがありますが、い《ブランデンブルク協奏曲》（一七二一年）やモンドリアンの絵画に対する反応として、いかなる明確な思考が適切だというのでしょうか。カミュの名言は、「吟味されない人生は生きるに値しない」という古《いにしえ》のマントラにそれほど新しい何かを付け加えるものではありません。

多くのものが芸術になりえます。また、芸術作品とのかかわり方はたくさんあり、どれが本質的に優れているということもありません。ですから、人生を芸術作品にするよう――あるいは芸術作品のように人生とかかわるよう――すすめることは有益ではありませんし、とくに有意義でもありません。

みずからの人生の観客？

美学と人生を結びつけるポピュラーな方法で、私が距離を置きたいものがもう一つあります。それはいくつかの点において、人生を芸術作品とみなすという考え方の一バージョンですが、非常に特殊なバージョンです。その要点は、人生に対しても芸術作品に対しても取るべき正しい態度とは、距離《デタッチト》を置いた観客であることだ、というものです。オスカー・ワイルドが言うように、私たちはみずからの人生の観客になるべきだ、というわけです。

この一般的な考え方は、一九世紀と二〇世紀のほとんどの期間を通じて大きな影響力を持ちました。また、ここ数百年のあいだに「西洋」で生み出された多くの芸術作品は、明らかにその帰結と言えるものでした。本書で引用した（ペソアからプルーストに至る）文豪の多くは、美的関与についてのこうした考え方を非常にはっきりと支持しています。スーザン・ソンタグでさえ――彼女はこれ以外の点では、芸術に関する大雑把な主張に対して非常に見識が高かったのですが――、「あらゆる偉大な芸術は熟考、活発な熟考を誘発する」と言って、この尻馬に乗ってしまっています。

　美的経験における注意の役割を重視することの利点は、なぜこのような距離を置いた熟考的な経験が中心的なメタファーとなってきたのか、しかしまた、いかにそれがあらゆる美的関与にとって必須の特徴ではないか、ということを説明できるところにあります。ソンタグ、プルースト、ペソアといった人たちが語るようなかかわりは、作品のさまざまな特徴のあいだを自由にうろつくしばりのない《オープン・エンディド》注意として特徴づけることができます。すでに見たように、このような注意の働かせ方は、歴史的・地理的に非常に特殊なタイプの美的経験、つまり熟考と呼ばれるような経験とおおよそ重なり合う美的経験の要因となります。しかしこれは、たとえば二〇世紀前半のヨーロッパでいかに影響力があったにせよ、なお美的経験の一つの種類であるに過ぎません。美的経験は距離を置いたものである必要はなく、熟考的である必要もなく、しばりのない注意を伴う必要もないのです。

　みずからの人生の観客であることという考え方の信奉者の多くは、一九三〇年代の政治的な出来事を受けて、まさにこの概念に対して深い疑念を抱くようになりました。フランスの小説家アンドレ・ジッド（一八六九〜一九五一年）は、ヒトラーが権力を握った翌年の一九三四年、日記に「今日、熟考的であり続ける者は誰であれ、非人間的な哲学かひどい盲目のいずれかを示す者である」と書いたのです。

より一般的には、熟考を重視することは、芸術の明白な政治的要素にそぐわないように思われます。熟考は非政治的なものとみなされることが多いですし、困難な時代に政治的活動ではなく熟考を選ぶことは、しばしば疑念の目で見られます。

そして、美学についてどのように考えるにせよ、美学の領域から政治を自動的に取り除くべきではないし、政治の領域から美学を取り除くべきでもないのです。熟考を重視することにより、政治と美学の鋭い対立のようなものが生じやすくなりますが、こうした対立のうちのいかなるものも、歴史的にも心理的にも誤りでしかないでしょう。

それどころか、美的活動は政治思想の重要な表現手段であり続けてきましたし、現在もそうです。実際、このことは美学と社会のかかわりの重要な側面です。私の若いころの最も忘れがたい美的経験の一つは、ロシアのハンガリー占領に反対する一九八八年のデモです。そこでは、まったく予期しなかったことですが、警察の取り締まりを恐れる必要もなく、大勢で「ロシア人は帰れ」と自由にシュプレヒコールをあげることができたのです。私は美的活動と政治思想のつながりに関するスタンダールの意見がとても好きです（それは注意概念を重視するものでもあります）。曰く、「文学作品における政治は、コンサートの最中の銃声のようなものだ。少々無作法だが、誰もがすぐに注意を向ける」。

みずからの人生について熟考することに関してはどうでしょうか。よい人生とはみずからの人生と熟考的な関係を持つことである、という考えは、熟考的な美的経験を重視することと密接に関連しています。そしてこれが、ストア派や仏教のリバイバルやマインドフルネスのような、より最近の自己啓発流派の一部が徹底的に活用する文句であることは容易にわかります。私たちは、現代アートが熟考から離れるようになったのを見ました。また、マインドフルネス産業がその隙間《ニッチ》をこれほど簡単に埋めることができたのは、「西洋」のアートワールドにおいて熟考の役割が減少しているからです。

人生と美学の結びつきは、熟考についてのたんなる決まり文句よりもはるかに重要で、やりがいのあるものです。美的経験は、私たちが冷めてしまわないために役立つことがあります。それは、私たちに世界の新しい見方を教えてくれることがあるのです。

冷めてしまわないための方法

映画批評家の経験から私が学んだ哲学的な教訓についてお話しました。しかし、映画批評家には、かなり憂鬱な側面もあります。何十年もこの仕事に携わっていることの多い他の映画批評家たちと多くのときを過ごさなければならないのです。

私は運が悪かったのかもしれませんが、信じられないほど冷めた映画批評家たちと多くのときを過ごさねばなりませんでした。彼らは、自分がいかに映画を愛しているかを（頻繁に、また声高に）語りましたが、私にはその形跡がほとんど認められませんでした。彼らは、一緒に見た作品にいちいちけちをつけ、大嫌いというほどではない作品であっても、賞の審議や批評の中で当該作品について何が言えるかという観点からしか見ていなかったのです。

私が映画批評家をあきらめ、学者というずっと地味な人生を歩むことにしたのは、彼らのようになりたくなかったからです。冷めてしまいたくなかったのです。映画や他の芸術作品に真に感動し、心を揺さぶられ、高揚する仕方を忘れたくなかったのです。

しかし、この人たちは何を間違えたのでしょうか。なぜ、こんなにも冷めてしまったのでしょうか。一例を挙げましょう。ロニーです（本名かもしれませんし本名ではないかもしれません)。ロニーはイギリス人であり、非常にイギリス的な人でした。彼は、英国の一流新聞の一つに寄稿していましたが、英国のほとんどすべての高級な活字メディアでも仕事をしていました。若くはありませんでした。青春時代をパリで過ごし、一九六〇年代の文学界・映画界にあってジャンヌ・モローやジャン=リュック・ゴダールといった人々と親交がありました。映画批評家としての彼のアイデンティティは完全にそこに根ざしていました。映画史におけるこの活気に満ちた刺激的な時代に居合わせ、いまや古典となっている作品の撮影現場で俳優たちと酒を酌み交わしたのです。

ロニーと私は、芸術と映画の趣味が驚くほど一致したこともあり、年齢が離れているにもかかわらず、とてもよい友人となりました。しかし、ロニーは同時代のあらゆる作品をみずからの愛する古典と比較しました。人生の半分を映画祭に費やし、同時代の作品を見ることが仕事であるとしたら、こうした態度はあまり有益ではないでしょう。またロニーの態度は、映画批評家のあいだではまったく珍しいものではありませんでした。この業界では、文化的な悲観論や過去の美化が頻繁に見られました。もし、これらの批評家たちが、古い映画を見て興奮することはできても、新しい映画からは興奮を得られないとしたら、映画祭で時間を無駄にしてきたのかもしれません。しかし、もしかしたら彼らは全然冷めてはいなかったのかもしれません。ただ見る映画を間違えただけなのです。私もはじめはそう思っていました。

シカゴ国際映画祭でのある夜のこと、とくに難しい審議をし、アマレットをたくさん飲んだあと、ロニーはもう昔からのお気に入りの作品を見ても何の喜びも感じないと告白しました。ときどき他の作品との興味深いつながりを理解したり、微妙な違いに気づいたりして、批評や記事に書くことはあったそうです。でも、もう何も感じないのです。当然ながらロニーは、そのことにかなり落ち込んでいました。そして私もそうでした。

その後、この現象がプロの美術批評家や美術史家のあいだでかなり広く見られるものであることに気がつきました。二〇世紀の美術史家としておそらく最も広く知られているエルンスト・ゴンブリッチ（一九〇九〜二〇〇一年）も、まったく同じ苦境に陥っていました。彼は、目にするほとんどいかなる絵画についても、ニュアンスに富んだ芸術的・歴史的分析をすることができましたが、そうした経験そのものが彼をすっかり冷え込ませてしまったのです。

実際、恐ろしいことに私自身もその兆候に気づき始めていました。とくに、それについて批評を書かなければならないとわかっているときには、映画を見るのがますます楽しくなくなりました。ロニーは映画を観たあと、腰を下ろして一〇分程度で、その作品について一流の、洗練され見識に満ちた二ページの批評を書くことができるという点で、実に傑出した人物だったと認めざるをえません。そこで私は考えました。真にプロフェッショナルな映画批評家になるための代償として、ひょっとすると映画を楽しむことをやめなければならないのではないか、と。この可能性は私をゾッとさせました。芸術を楽しむなんてこと自体が、アマチュアだけのものなのではないだろうか。真のプロフェッショナルは、そんなことで時間を無駄にしないのではないだろうか。

こうした疑問に対して、私はよい答えを持っているとは思いません。しかし、映画批評家として働いた期間に、ロニーとその仲間たち（また、少なくともしばらくのあいだは私自身も）が何をしているのか学びました。彼らは、映画館で座って見ることになるものについて、非常に明確で固定した期待を持っていたのです。

甘い期待と、それほど甘くない期待

期待することはよいことです。まわりのものに対する期待を持たなければ、私たちはほとんど何もできないでしょう。そして期待は、芸術とかかわる際にも極めて重要な役割を果たします。ある曲を聴くとき、たとえ初めて聴く曲であっても、それがどのように続くのか、私たちはいくつかの期待をしているものです。また、それが知っている曲であれば、この期待はかなり強くなることがあります（し、実験によって研究しやすいものとなります）。ベートーヴェンの交響曲第五番（一八〇八年）の冒頭でタ・タ・タと聴けば、タ・タ・タ・ターンの最後のターンを強く期待するでしょう。

期待することが、音楽や痛みや、あらゆるものの経験にいかに影響しうるかについては、多くの科学的研究があります。また、期待の多くはかなり漠然としたものです。それまで聴いたことがない楽曲を聴くときでも、曲がどのように続くのか、いくつかの期待をするでしょうが、正確に何が起こるかはわかりません。ヴァイオリンのグリッサンドが目覚まし時計の音と一緒に続く可能性は（ものすごく前衛的な作品でない限り）除外できますが、それが正確にどう続くのかは、あまり確信を持って予測することができません。期待とは柔軟かつ動的なものであり、作品を聴いているうちに変化するものなのです。

思うに、冷めた批評家たちの期待は、それほど柔軟でも動的でもないのではないでしょうか。ロニーは、明かりが消えたときに何を期待しうるかを正確に知っていました。なるほど、作品が驚きを与えることもときにはありましたが、でもそれは、「ああ、監督はフィルム・ノワールではなく、ヒッチコックを思わせるような物語の展開を選んだのか！」というように、予測できるたぐいの驚きでした。作品が何をなしうるのかという可能性の空間は、最初からすでに彼の頭の中にマッピングされていたのです。そして、唯一不確かだったのは、すでに非常に明確に規定され理解されたカテゴリーのうち、どこに作品が収まるのか、ということだけでした。

もちろん、映画について知れば知るほど、比較のパターンが増えていきますし、映画において、どんなことであれこれまでなされていないことをするのは非常に難しいです。映画史の全体を隅々まで知っていたら、こうした潜在的な類似、対照、比較を無視することは困難です。しかし、その場合経験は――筋は『インディ・ジョーンズ』（一九八一年）、構図は『アバター』（二〇〇八年）、演技は『ナポレオン・ダイナマイト』（二〇〇四年）のようだった、というように――たんなる分類作業になってしまうことがあります。そんなふうに映画を観てもあまり楽しくありません。

そこに欠けているのは、ある程度の開放的《オープン》な姿勢と、純粋に自分を驚かせようとする意欲です。作品が、慎重に画定された映画史的分類のどこに収まるのかということに驚くだけではありません。作品が自分に対してすることに驚くのです。

冷めた映画批評家の注意は非常に集中しています。ロニーは、自分の批評に関係すると思しき、明確に規定された二、三の特徴に焦点を当てます。そして、それ以外のものはすべて無視します。多くの場合、それも無理はありません。というのも、それ以外のものはおそらくかなり予測できるからです。ただ、そうでない場合もあります。そしてロニーは、注意の焦点の外で起こるあらゆることを見逃してしまうのです。

しかし、それほど明確に規定されていない期待（あるいは先入観と言うべきでしょうか）を持って映画を見るとき、私たちは関連すると思う特徴の範囲外のあらゆるものをただちに軽視することはないでしょう。あらゆるものが、プロの批評家なら時間の無駄とみなすようなものでさえ、関連しうるのです。

詩人、アーティストであり、一九二〇年代から三〇年代にかけてのパリのシュルレアリスム運動の領袖でもあったアンドレ・ブルトン（一八九六～一九六六年）は、あまり映画好きではありませんでした。映画はあまりにも予測可能で、あまりにも現実的で、彼のシュルレアリスムの基準には必ずしも適わないと考えていたのです。しかし彼は、開いた左手を目の前に置き、スクリーン全体を見ることができず、部分的にしか見えないようにすることで、映画を楽しむ方法を見つけました。そして、自分はそのような仕方で素晴らしい経験をするのだと言い張りました。ロニーがするようなことではないし、はっきり言って若手の映画批評家にすすめられるようなことでもありませんが、ロニーの経験より楽しい経験であることは明らかです。

スクリーンの半分を隠すことで、アンドレ・ブルトンは何が起こるのかに関する先入観をなんとか捨て去り、スクリーンに映し出されるものを真に開放的に経験することができたのです。繰り返せば、これは極端な例であり、あらゆる人にとってうまくいくものでないことは明らかでしょう。（また、観客全員が目を覆っている光景を想像してみるだけでも、これはあらゆる映画監督が夢見る光景ではありません。）しかしこれは、アンドレ・ブルトン流の、冷めてしまいがちな傾向との闘い方だったのです。彼がしたことは、人が注意を払う通常のステレオタイプな物事にかたくなに注意を向けまいとすることでした。彼は注意に、期待にしばられることなく開放的であるよう強いたのです。そして、目を覆うことなくこれをする方法があるはずです。

新たに見ること

ブルトンが指の隙間から映画を見ていたのと同じころ、イタリアの画家ジョルジョ・

デ・キリコ（一八八八～一九七八年）は、人気《ひとけ》のない広場、アーチ、古代彫刻、遠景の列車といったものが登場する、忘れがたいほど美しい、しかしいささか不穏な絵画を描いていました。彼は、日常的な光景をこの世ならざるものに変える特別な才能を持っていたのです。また彼は、それについて語りたいことがたくさんありました。

ある澄みきった秋の午後、私はフィレンツェのサンタ・クローチェ広場の真ん中のベンチに座っていた。もちろん初めてその広場を見たのではなかった。〔……〕私を取りまくすべての外界、建造物や噴水の大理石すらも私には病み上がりのように映った。その広場の中央には、長い上着を着て自分の作品を身体に寄せてしっかりと抱き、物思いにふける頭に月桂樹の冠をいただいたダンテの彫像が立っている。その像は白い大理石で出来ていながら、天候によって見た目に非常に快いグレーの錆色を呈していたのである。秋の暑い強い太陽によって、その像と教会のファサードは輝いていた。そのとき私はこれらのものを初めて眺めるといった不思議な印象を持った。

上記の引用の中で、私が最も的を射ていると思うのは最後の一文です。私たちは、芸術作品や風景を前にして強烈な経験をするとき、それを初めて眺めるかのように見ることがしばしばあります。実際、少なくともいくつかの種類の美的経験を特徴づけるよいやり方として、その経験を初めてするように感じる、という表現があります。これまでに何度も見たことがあるものでも、本当に感動したときには、初めて見たように感じるのです。これまでは、それを本当に見たことはなかったのです。しかしいまは本当に見ています。

この「初めて見る」という台詞は、陳腐な決まり文句に聞こえるかもしれません。しかし私はそうは思いません。初めて見るものには、確立されたいつもの見方――自分に関係する特徴を選び出し、それ以外のものは無視する、というような見方――がありません。どの特徴も関係しうるため、注意はあちこちに動き回らせられるのです。ですから、何かを初めて見るときには、注意がしばりのないものになる傾向があります。何に焦点を当てればよいのかはっきりしないのです。

友人のアパートで突然火事を消し止めなければならなくなり、あるもの（それが芸術作品であっても）を初めて見るとき、おそらく価値ある特徴を探して注意を動き回らせることはないでしょう。ただ、それがいかに消火に役立ちうるか、ということにのみ気を配ります。しかし、とくに急いで何かをするわけでもなく、見たことのないものに興味をひかれる場合（一般に美術館ではこのようなことが起こります）、注意はしばりのないものとなる傾向があります。何かを初めて見るという感覚は、注意がしばりのないものとなっていることの表れです。

何かを初めて見るように感じるとき、それは確立されたいつもの見方をすっかり忘れ去ったということです。そして、これこそ私にとって興味のある対比です。つまり、いつもの習慣的なものの見方と、「まるで初めてのような」ものの見方という対比です。デ・キリコが語っていたのはこのことで、いつもの習慣的な世界とのかかわり方が突然停止し、彼は世界を新たに見ることになったのです。

もちろん、型通りであったり習慣的であったりすることは何も悪いことではありません。車で通勤するときや渋滞をうまく切り抜けるときには、いつもの習慣的な知覚方法が最適です。その場合、物事を新たに見ようとは思いません。また、新たに見ることを数分以上続けるのは容易ではありません。常時こうした美的トランス状態にあることはできないのです。

一〇代のころ繰り返し聴いた曲を覚えているでしょうか。あなたは毎回とても感動しました。その曲はあなたを感動させるのをついにやめてしまいました。あたかも使い果たしてしまったかのように。慣れすぎてしまったのです。こうしたことが起こったとき、私はいつも本当に喪失感を味わいました。

幸い、この経験は少なくとも時折は戻ってくることがあります。しばらくその曲を聴くのをやめて、数カ月（あるいは数年）後にふたたび聴くと、以前よりもずっと強い感動を覚えるかもしれません。そのうえ、それは初めて聴くかのようです。習慣やルーティンは消え去るのです。

これは一〇〇年前のデ・キリコや彼のパリの友人たちの重要な洞察でした。芸術は、退屈な日常的知覚の習慣やルーティンを克服するのに役立つことがあるのです。習慣はあなたをすり減らします。いかに美しいものであっても、見れば見るほどその魅力はかすむものです。しかし芸術は、習慣を忘れ去って、それまでにない仕方で何かを見るのに役立つことがあるのです。

もちろん、この「新たに見る」という感覚は、美的経験において私たちが気にかけるあらゆるものをとらえるものではありません。すでに見たように、あらゆる美的経験が、物事を初めて見るかのように見るときに働いているような、しばりのない注意によって特徴づけられるわけではありません。言うまでもなく私たちは、同じ歌を何百回も聴いたり、同じ映画を台詞を暗記するまで見たりする、といったことを大切にしています。そして、そうしたことをするときには、慣れ親しんだ感覚を楽しんでいるのです。マルセル・デュシャンは芸術のことを、まさしく「習慣を作り出す麻薬」と呼びました。美的経験には、さまざまな風味《フレーバー》があります。しかし、いくつかの美的経験は、何かを初めて見るかのように見ることと大いに関係があるのです。

いつまでも残る効果

美的なものが私たちの生活を彩るやり方がもう一つあります。美的経験はいつまでも残る効果を持ちうるのです。これは芸術を楽しむことの奇妙であまり探究されていない一面ですが、芸術の楽しみはいつまでも残るのです。美術館で一日過ごしたあと、歩いて帰るとき、さえないバス停が美術館を飾る一幅の絵のように見えるかもしれません。また、素敵なコンサートや映画を鑑賞したあとに、醜く、退屈で、くすんだ街並みが、本当に美しく見えることがあります。

マルセル・プルーストは同じような現象について記述しています。お気に入りの画家（彼はこの画家を、エルスチールという架空の名前で呼んでいます）の作品を見たあと、彼はそれまで気にかけたことがなかった退屈な食堂風景の特徴に注意を払い始めました。それまで何度も目にしてきたこの風景が、非常に違ったものに見えてきたのです。彼が突然注目し始めたのは、次のような特徴です。

ナイフが斜めに置かれたままで中断された仕草だったり、くしゃくしゃになったナプキンの丸く膨らんだところに陽の光が黄色いビロード片を加えていたり、飲み残しのグラスでは高貴に開いたその口の形がよく見えたり、陽の光が凝縮したように透明なガラス器の底に残るワインが暗くきらめいたりすることや、照明の具合でさまざまに容積が変動したり液体が変質したりすることや、なかば空になったコンポート鉢の中でプラムが緑から青へ、青から金へと変化することや、古めかしい椅子が日に二度にわたり移動してテーブルクロスのまわりに腰を落ち着けたりすることであり、テーブルクロスが敷いてあるのは、あたかも大食の儀式が執り行われる祭壇を想わせ、クロスの上に置かれた牡蠣の殻の底は、まるで石でできた小さな聖水盤で、そこに浄めの水が数滴残っていたりした。

彼は、「私が美を見出そうとしたのは、予想だにしなかったところ、もっとも日常的な事物の中、つまり「静物」の持つ深い生命の中であった」と語っています。

美的関与における注意の重要性を強調することの利点の一つは、こうした不可解な現象を説明できるようになることです。芸術は注意の向け方を変えます。そして、この精神の注意状態はすぐには止まりません。それはいつまでも残るのです。

美的経験は、見るものを先入観に頼って理解するようなやり方を捨てさせることがあります。芸術を経験したあとで、注意が自由になるのにはそれなりの時間がかかります。私たちは、見るものすべてにしばりのない注意を払いつつアプローチし続けます。そしてそれによって、映画館の前のくすんだ歩道を芸術作品として見るようになることがあるのです。

アメリカの抽象画家、アド・ラインハート（一九一三〜六七年）は、「見ることは見かけほど単純ではない。芸術はものの見方を教えてくれるのだ」と述べています。そしてこれは、芸術を楽しむことの重要な特典の一つです。芸術は、何を見るかにかかわらず、見ることの単純な喜びを取り戻させることがあります。芸術のおかげで物事を、初めて見るかのように見るようになることがあるのです。

第七章　グローバルな美学

このあいだ大きな美術館に行ったときのことを思い出してみてください。その美術館の「必見」作品のうち、ヨーロッパやアメリカで作られたものがどれだけあったか思い出せますか。おそらく大半がそうでしょう。しかし、芸術作品はヨーロッパやアメリカだけでなく、世界中のあらゆる地域で作られてきました。たいていの美術館において、そうした作品を見つけるのは容易ではありません。仮にあったとしても、少し離れた翼《よく》に隠れていることが多いのです。

抽象表現主義の画家ウィレム・デ・クーニング（一九〇四〜九七年）は、現代の支配的な美術史観を線路にたとえました。「美術史にはメソポタミアにまで遡る線路がある。この線路は東洋の全体、マヤ人、アメリカ先住民を飛ばしている。デュシャンはこの線路上にいる。セザンヌも。ピカソとキュビストたちも。ジャコメッティ、モンドリアン、そして非常に多くの作家たち、つまり文明の全体が線路上にいるのだ。」

幸いなことに、最近ではこうした単線的な美術史観を支持する美術史家はほとんどいません。しかし、芸術についてのこうした考え方は、いまだに日常的な芸術理解や、たいていの美術館の学芸業務に大きな影響を与えています。私たちが、他のいかなる種類の美術よりもヨーロッパ美術を特権化するのをやめようとするならば、「西洋」美術と「非西洋」美術のあいだの不均衡を変えるだけでなく、「西洋」美学と「非西洋」美学のあいだの不均衡も変える必要があります。私たちにはグローバルな美学が必要なのです。

視覚の地理学

美的経験（芸術作品や風景などの経験）は、どのような文化で育ったかにいかに依存するのでしょうか。これがグローバルな美学の出発点となる問いです。そして答えは明快です。私たちは、人工物があらゆる場所で、歴史上のあらゆる時代において、いまここで知覚されているような仕方で知覚されていると思い込むことはできません。（どの文化において何が「芸術」とみなされ、何が「芸術」とはみなされないかという問題を避けたいので、ここからは人工物について語ることにします。)

こうした主張は、学問分野としての美学の主題は普遍的なものであるという、美学の伝統的な考え方に反するものです。伝統的な考え方によれば、美学とは、芸術作品や他の美的対象とのかかわり方――私たちの文化的背景とは無関係なかかわり方――を検討するものとされています。実際、美術史家はしばしば美学者を、この種の文化的普遍主義の廉で非難します。また、この美学の普遍主義は、神経科学に毒された最新流行の美学研究がいっそう力を込めて強調するものです。そうした美学研究は多くの場合、被験者の文化的背景に依存しないような仕方で、さまざまな種類の美的鑑賞の神経上の関連要因を見つけ出すことを目的としています。

実際には、その逆なのです。心の経験科学を真面目に受け止めるならば、それが実際に教えてくれるのは、文化的普遍主義をすっかり捨て去ることなのです。その理由は、知覚に対するトップダウンの影響の大きさが十分立証されているからです。心理学や神経科学における何千もの研究が、私たちが知っていることや信じていることが、視覚処理や聴覚処理の最も初期の段階にさえ影響を与える、ということを証明しています。そして、育った文化や時代によって知っていることや信じていることが異なるとすれば、知覚もまた、育った文化や時代によって異なるものになるでしょう。

問題は、このような知覚に対するトップダウンの影響がどのように働き、どのようなプロセスで媒介されるか、ということです。ここでは、そうした媒介を行う二つのメカニズム、すなわち注意と心的イメージについてお話しします。注意と心的イメージはいずれも、信念や知識といった高次の精神状態に大きく依存します。また、注意と心的イメージはいずれも、知覚や美的関与に影響を与えます。

言い換えれば、注意と心的イメージには異なる文化間でバリエーションがあるのです。そして、美的関与における注意と心的イメージの重要性を考慮するならば、このことは、美的関与には異なる文化間でバリエーションがあるということを保証するものです。心の働き方に関する最新の知見を踏まえるならば、普遍主義という選択肢はありえません。「西洋」人の美的関与が、人工物の現地生産者や現地使用者が意図し実践しているのと同じ関与であると思い込むことはできないのです。

私たちが何にどのように注意を向けているかは、私たちの背景となる信念、知識、知覚能力——いずれも文化的に特殊なもの——に大きく依存しています。ということは、注意のパターンもまた文化的に特殊なものであるわけです。しかし、人工物経験が何に注意を向けているかに大きく依存するとしたら、人工物経験には異なる文化間で相当なバリエーションがあるということになります。

たとえば、図五に示したソロモン諸島のテパトゥ（胸当て）を見てみましょう。おそらく交差し合う線からなる抽象的な模様が見えるでしょう。さて、テパトゥの下端にある逆V字形はおそらくグンカンドリの尾を表しており、またそのすぐ上にある形はグンカンドリの翼である、ということをお伝えします。グンカンドリは、このテパトゥの産地であるサンタクルーズ諸島の住民の食生活に欠かせない魚であるカツオの群れの存在を暗示しています。それより上の形は、イルカか魚――おそらくグンカンドリが示唆するカツオ――を表していると考えられています。

読者の皆さんはおそらく、前の段落を読む前とあとで、このテパトゥの異なる特徴に注目するようになるでしょう。以前は無視していた部分（たとえば、イルカの背中を暗示するかもしれない小さな突起）に、より注意を向けるようになるのです。そして、結果的に皆さんの経験は大きく異なるものになります。（文化的に非常に特殊な）注意の変化が、人工物経験の変化を引き起こすのです。

また、何に注意を向けるかだけでなく、注意の向け方も文化によって異なります。東ア

図五　テパトゥ（あるいはテマ、タンベ）、ソロモン諸島、一九世紀末（オセアニア）、メトロポリタン美術館（The Metropolitan Museum of Art/Art Resource/Scala, Florence）

ジアで育った人々は、水槽のような単純な視覚的ディスプレイに対して、ヨーロッパ人とは異なる反応をする傾向があります。ヨーロッパ人は動いている魚に注目する傾向があるのに対して、東アジア人は泡や海藻といった背景の特徴に注目する傾向があるのです。一般に、こうした視覚的課題におけるヨーロッパ人の注意はより集中的で、東アジア人の注意はより分散的であるように思われます。ここにおいてもまた、注意力の行使には異なる文化間のバリエーションがあり、それが経験における異なる文化間のバリエーションにつながるのです。

知覚的経験に対するトップダウンの影響の二つ目の媒介者は、心的イメージです。心的イメージは、私たちが知っていること、信じていること、そして以前に知覚したことのある他の物事に大いに依存します。リンゴを思い浮かべるとき、そのリンゴがどのように見えるかは、これまでの人生においてどのようなリンゴを見てきたかによって変わります。また、心的イメージは芸術経験において重要な役割を果たします（これは日本の美学に繰り返し現れるテーマです）。

たとえば、インドネシアのアーティスト、ジョンペット・クスウィダナント（一九七六年〜）は、心的イメージの助けを借りて完成させる必要のあるインスタレーションを制作

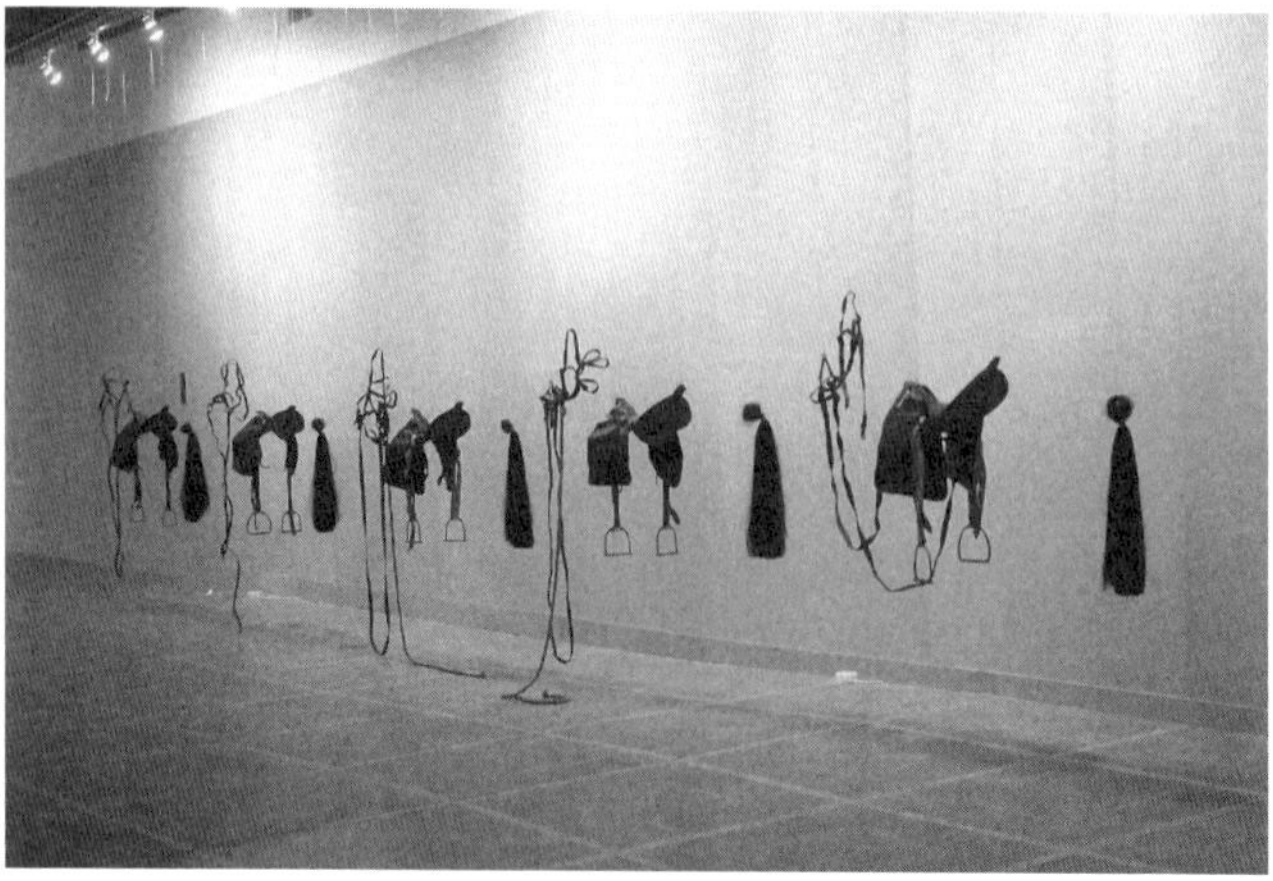

図六　ジョンペット・クスウィダナント《第三帝国の一行》二〇一二年（インドネシア）（Ekaterina Bykova/Shutterstock.com）

しています。ここでは、鑑賞者の心的イメージが経験の決定的な構成要素となっているのです（図六）。

さまざまな文化的背景を持つさまざまな人々が、この作品を完成させるためにさまざまな心的イメージを用いるでしょう。おそらく（すべてではないにしても）ほとんどの人は、このインスタレーションを見て馬の心的イメージを持つでしょう。しかしたとえば、馬が戦争と結びついている文化圏では、この心的イメージ（とくに騎手の心的イメージ）は非常に異なるものとなり、非常に異なる感情的負荷を帯びることになります。つまり、文化的背景の異なるさまざまな人々は、まったく同一の作品を大変さまざまに経験することになる、というわけです。

クスウィダナントのインスタレーションは、私たちの心的イメージにとりわけ直接的かつはっきりと訴えかけてくるものですが、心的イメージはほとんどすべての芸術経験にかかわります。このことは、「西洋」以外のほとんどすべての美学的伝統においてとりわけ明らかです。そこで美的経験は、視覚だけでなく、聴覚、嗅覚、味覚、触覚といった、あらゆる感覚の様式《モダリティ》に語りかける複合的様式《マルチモーダル》の経験であると非常にはっきりみなされています（美学におけるしばしばかなり極端な視覚中心主義は「西洋」のものであるように思われます）。

これはラサの伝統の中で最もわかりやすく表現されています。すでに見たように、ラサとは文字通り、経験の感情的な風味を味わうことを意味します。そして、ここで言う風味とはたんなる比喩ではありません。ただ一つの感覚の様式（たとえば音楽の場合、聴覚）がきっかけとなって起こるラサ経験でさえ、他のあらゆる感覚の様式（視覚、嗅覚、触覚、味覚）を行使するとされています。言い換えれば、ラサ経験とは複合的様式の心的イメージを喚起するものだと考えられているのです。

また、ラサは珍しい事例ではありません。日本の美学では、「密やかな美」ないし幽玄という重要な概念があり、その鑑賞には（密やかかつ不完全な様相の）心的イメージに似たものを必要とします。また、一一世紀のイスラム哲学者であるイブン・スィーナーも、美の経験におけるイメージの重要性を大いに強調しました。

私たちの経験は文化的背景に依存しています。美術史家は視覚の歴史について語りたがります。おそらく史上最も影響力のある美術史家であるハインリヒ・ヴェルフリン（一八六四〜一九四五年）は、「視覚そのものがそれなりの歴史を持つ。この「視覚的な層」の暴露こそが、美術史の最も基本的な課題とみなされなければならない」という有名な主張をしています。この挑発的な発言については多くのことが語られてきましたが、ある意味でこの主張は経験的には正しいものです。注意や心的イメージに歴史があるならば、それらのものに影響される視覚にもまた歴史があるのです。

視覚にこうした意味での歴史があるとしたら、視覚には地理学もあります。また、同じことが知覚一般について言えます。注意や心的イメージの行使が、どのような文化で育ったかに左右されるならば、注意や心的イメージに影響される知覚もまた、文化的背景に左右されます。グローバルな美学において肝心なのは視覚の地理学なのです。

グローバルな語彙

ある人工物が異なる文化圏でどのように経験されるのかについて、私たち自身の人工物経験をもとに憶測することはできません。では、その人工物が異なる文化圏でどのように経験され、使用されているのかをどうやって知るのでしょうか（とくに、これらの文化圏に直接話をできる人がいなくなってしまった場合）。

いくつかの人工物生産の中心地については多くのことが知られています。しかし他の地域についてはあまり知られていません。このことは、グローバルな美学について考える際に重大な非対称性をもたらします。一五世紀のイタリアで絵画がどのように作られ、人々がそれをどのように見ていたかについてはかなり多くの情報がありますが、一五世紀の中米ではどうだったかについてはほとんど何もわかっていないのです。このような認識上の非対称性は、記録が残っているところと残っていないところといった偶然的な要因から帰結します。だからといって、私たちがよりよく知っている地域の人工物のほうが、なんとなく「優れている」とか研究に値するなどと考えるべきではありません。

しかし、「西洋」の経験から他の文化のことを推定することができず、また世界の大部分の地域で人工物がどのように経験されていたのかについての情報がほとんどない場合、懐疑的な結論が導かれることになります。すなわち、異なる文化における人工物経験は根本的に異なるものである以上、他の文化が人工物をどう経験するかを知る術はまったくない、というものです。この懐疑的な結論を回避しようとするならば、人工物を生み出した文化についてあまり知らなくても、人工物の少なくともいくつかの側面を理解する方法を見つける必要があります。

グローバルな美学は、それがいつどこで作られたかにかかわらず、いかなる人工物についても語ることができる概念的な枠組みを持ちえなければなりません。それは、あらゆる人工物が必ず持つ、美学的に重要な特徴を特定するということです。

あらゆる人工物が必ず持つ特徴の些細な例としては、材料組成や大きさがあります。あらゆる人工物は何かからできており、あれこれの大きさを持ちます。その人工物がリンゴを描いているかどうかというような、さらに些細な特徴もあります。リンゴを描くか描かないか、それ以外の選択肢はないのです。これらの例の問題点は、大きさや材料組成が美学的に重要な文化圏もあるのかもしれませんが、多くの文化圏ではそうではない、ということです。私たちは、美学的により重要な特徴空間を見つける必要があるのです。

ここでは絵をケーススタディとして使いたいと思います。絵の経験は美的経験となることが多いですし、これは「西洋」文化に限ったことではありません。絵といっても必ずしも芸術作品というわけではありません。たとえば、飛行機が水上着陸した際の脱出方法を図説する安全チャートはけっして芸術作品ではありません。カンバスに描かれた油絵や板に描かれたテンペラ画だけでなく、肌に彫られたタトゥーや樹皮片につけられた引っかき傷、スマホに残された自撮り《セルフィー》など、多くのものが絵とみなされます。絵とはさまざまなものの集合体なのです。

とはいえ、どんな絵にも絵画的構成があります。あらゆる絵は絵画的要素をランダムではない仕方で構成したものです。また、絵画的構成はあらゆる文化において美学的な意義を持ちます。ヨルバ美学（ナイジェリア南西部に住む人々の美学的伝統）の重要概念の一つに「イファラホン［ifarahon］」というものがあります。これは「可視性」と訳されることが多いですが、人物のあらゆる部分がはっきりとした形を取り、目に見えるものとなっていることを求めるものです。当初、この概念は彫刻に適用されていましたが、写真家が目標とすべき最も重要な美徳にもなりました（その場合、この概念には、たとえば被写体の両方の目が写っているべきである、といった含意があります）。

六世紀中国の画家・批評家の謝赫《しゃかく》は、中国絵画の美学について最も詳細に論じた初期の著作の中で、画の六法について概説しました。その五つ目の法は、空間と奥行きの中にある絵画的要素を表面上に配置することにかかわります（それはこれ以降、中国のあらゆる絵画論において中心的なトピックとなりました）。同じころに書かれた『ヴィシュヌダルモッタラ・プラーナ』の第三巻は、絵画について極めて詳細に論じた百科全書的なヒンドゥー教のテクストですが、ここにも――誰が誰の後ろか隣か前かといった――絵画的構成についての言及が多く見られます。また、日本の美学においても絵画的構成は中心的なトピックとなってきました。

これらの著作はいずれも、絵の構成法を問うています。非常に抽象的なレベルですが、絵画的構成には、私が「表面構成」と「場面構成」と呼ぶ、二つの異なる独特な様式があります。あらゆる絵は、それがいつどこで作られたかにかかわらず、表面構成と場面構成を両極とするスペクトル上のどこかに位置づけられるのです。

表面構成は、描かれた対象物の二次元の輪郭が、二次元の枠の中にどのように配置されているのかに注意を引こうとするものです。それに対して場面構成は、描かれた三次元の対象物が、描かれた空間の中にどのように配置されているのかに注意を引こうとするものです。両者はトレードオフの関係にあり、たいていの絵は両者を兼ね備えようと努めています。しかし、二つの構成原理が対立した場合、場面構成と表面構成のうちのどちらかが優勢になる傾向があります。

絵画的構成には美学的な重要性があり、あらゆる絵の制作者はみずからの絵の構成法を選択する必要があります。また極めて重要なことに、これは「西洋」中心の区別ではなく、どの文化の絵にも当てはまるデザイン上の問題であるのです。それゆえ、場面構成と表面構成を両極とするスペクトルは、それがどこで作られたかにかかわらず、あらゆる絵について記述するための非常に一般的な（しかし「西洋」中心ではない）概念的枠組みの出発点と考えられるかもしれません。

場面構成と表面構成という区別はいささか抽象的です。そこで、より単純で見つけやすい特徴の助けを借りて、この区別を具体化することが有益でしょう。ここでは、そのような特徴として、遮蔽《オクルージョン》と空白面の二つに焦点を当てます。

日常的な知覚には多くの遮蔽があります。つまり私たちは、ある物体が他の物体の背後にあったり手前にあったりするのを見るわけです。問題は、遮蔽が絵に現れるか否かです。表面構成は、絵の制作者が遮蔽の有無に注意を払っていることを含意しています。絵における遮蔽とは、描かれた対象物の二次元の輪郭が、二次元の表面上でいかに相互に関連づけられるかにかかわる特徴です。遮蔽をわざわざ避ける絵もあれば、遮蔽を積み重ねる絵もあります。いずれも表面構成のよいしるしになります。また、あらゆる絵は、遮蔽を極端に欠いた絵と極端に追求する絵を両極とするスペクトル上に位置づけることができます。図七と図八は、この両極点付近にある二例です。

この遮蔽のスペクトルのうち、特定の点のまわりに集まるような文化圏の絵があります。たとえば、パジリク古墳を飾るスキタイ絵画は、遮蔽をかたくなに避ける傾向があります。羽川藤永《はねがわとうえい》のイメージにおいては、ほとんどあらゆるものが意図的に遮蔽されているように見えます。この種の絵はいずれも表面構成を持っていると言えるでしょう。

それに対して、遮蔽の有無にあまりこだわらない文化圏の絵（たとえば、北米平原先住民の彫刻《カービング》や一七世紀オランダの静物画）もあり、これは場面構成のしるしとなっています。絵が、それが描くところの三次元の場面の観点から構成されている場合、遮蔽の有無はあまり重要ではないでしょう。

どの絵にもある特徴の二つ目のものは空白面の有無です。日常的な知覚では、ただの空や地面、無装飾の壁など、知覚的に興味深い要素がないという意味で、視野の一部が空白になっていることがよくあります。絵の中には、意図的に空白面を避けようとするものが

図七　スキタイの壁掛け、紀元前五世紀、パジリク、アルタイ（シベリア）(Heritage Image Partnership Ltd/Alamy Stock Photo)

図八　羽川藤永《朝鮮通信使来朝図》一七四八年頃（日本）(The Picture Art Collection/Alamy Stock Photo)

あります。それらの絵は、表面の隅々まで絵画的に興味深い要素を詰め込もうとします。また、意図的に空白面を追求する絵もあります。図九と図一〇はこの両極の例です。

表面のどこかが空白であるか否かに注意を払うことは、やはり表面構成の大変よい指標となります。場面構成は、表面の一部が空白のままであるか否かについては中立的です。遮蔽の場合と同様、表面構成のある絵は、空白面のスペクトルのうち特定の点のまわりに集まるでしょう（異なる文化圏の絵は異なる点のまわりに集まるでしょう）。これに対して、場面構成のある絵は、このスペクトルのほとんどの部分に散乱しています。

遮蔽と空白面という二つの特徴に基づいて、ある座標系を得ることができます。また、そこに枠組みや対称性といった特徴を加えることもできます。枠組みを尊重し、強調しさえする絵もあれば、あえて枠組みがないように見せかけようとする絵もあります。そして、枠組みとは非常に二次元的な表面特徴であるため、（それを強調するか目立たないようにするかして）枠組みに注意を払うことは表面構成のしるしとなります。対称性も表面特徴の一つです。わざわざ対称的な構図にしたり、わざわざ非対称の構図にしたりすることは、表面構成のしるしとなるでしょう。もし対称性が重要でなければ（あるいは枠組みが重要でなければ）、それは場面構成のしるしとなるでしょう。

図九　アレクサンデル・アポストル《洗練された住人》（建築物の細部の多く（窓やドアなど）が写真家のデジタル加工により取り去られている）（ベネズエラ）（Alexander Apóstol, Residente Pulido, Limoges, Color film photography transfer to digital photography, 200×150 cm, 2001）

図一〇　ワット・ポーの壁画、一九世紀、バンコク派（タイ）（iStock.com/Ksdphoto）

ここから、それを生み出した文化についてどれほど知っているかにかかわらず、あらゆる絵を位置づけることのできる多元的な特徴空間がもたらされます。もちろん、これで異文化の絵に関する理解が終わりというわけではありません。絵には、こうした形式的分析によっては規定することのできない、文化特有の側面が他にもたくさんあります。しかし、形式的分析は、より文化特有の探究を深めていくための確かな出発点となるのです。

この文化的に中立な多元的特徴空間のおかげで、私たちがほとんど知らない文化圏の絵の理解がいくらか進むことになります。たとえば、ある特定の文化において制作されたあらゆる絵が遮蔽を慎重に避けている場合、なぜそうなのかという理由を突き止めるための重要なデータが与えられるのです。このような形式的分析によって答えが得られるわけではありませんが（あるいは非常に部分的な答えなら得られるかもしれませんが）、それによって私たちの問いがより焦点の合ったものになることがあります。

例を挙げましょう。もし皆さんが中世ヨーロッパの文化について何も知らずに、第五章で出会ったドメニコ・ヴェネツィアーノの小品（図四）のようなイメージをたくさん見たとしても、これらのイメージの中の二人の人物が誰なのか、まったく見当がつかないでしょう。一人は女性で、もう一人は翼が生えています。しかし、この女性＋有翼の人間というパターンのイメージを何枚も見れば、二人の人物が互いに遠く離れた状態で配置される傾向があることに気づくでしょう。彼らは互いに遮蔽し合わないだけでなく、どうやっても遮蔽し合うはずがないような形でカンバス上に配置されているのです。皆さんは、これは受胎告知のイメージというものであり、そこには非常に異なる霊的領域に住む人間と天使の出会いが描かれており、結果として、彼らを同じ空間には描けない（描くべきではない）のだ、ということを知りません。このことは、中世ヨーロッパの宗教と文化について多少なりとも知識のある人でなければわからないでしょう。しかし、たとえ中世ヨーロッパ文化についていささかの情報も持ち合わせていなかったとしても、二人の人物の空間的関係のおかしさに気づくだけで、少なくともこの文化特有のおかしさを特定することはできるでしょう。なぜこれが中世の受胎告知におけるデザイン上の問題なのかを理解するためには、ローカルな（中世ヨーロッパの）文化についてなにがしかを知っている必要があるでしょう。しかし、文化特有の情報がまったくなかったとしても、このデザイン上の問題に気づくことはできるのです。

グローバルな美学は、文化特有の情報と、ある種の人工物すべてに共通する非常に一般的な形式的特徴とのあいだの、互いに強め合うような相互作用に基づいています。一見相反するこれら二つの傾向は、互いに助け合うことがあるし、また助け合うべきなのです。特定の文化の人工物に繰り返し見られる何らかの形式的特徴（たとえば、それが意図的に遮蔽を避けているか否かということ）について知れば知るほど、なぜそうなのかという理由に関する文化特有の情報を探しやすくなるのです。

美術館でさらに迷子

本書は、芸術作品や他の美的に重要なものと向き合うときに誰もが経験することから始まりました。すなわち、どんなにがんばっても美的経験のコツをつかみづらいと感じることがある、という事実です。この作品を前にして、かつてのあなたは強烈でやりがいのある美的経験をしたことがあります。でも、まさにいまはそれが起こっていないのです。

おそらく皆さんが美術館でずっと頻繁に自問するであろう、より具体的な問いがあります。それは、異文化の人工物に出会ったとき何を期待すべきなのだろう、というものです。たとえば、ベニン王国で見つかった西アフリカの彫刻を取り上げてみましょう（図一二）。これらの彫刻は、美的関与を意図していない可能性が非常に高いです（美的とみなされるものの幅をどれだけ広く取るかにかかわらず）。このような一六世紀ベニン王国の彫刻でいっぱいの展示室に入ったとき、あなたはどうするでしょうか。どのような経験をしようとするでしょうか。

おそらく、自分の知っている芸術作品と関連づけることで、これらのものを理解しようとするのではないでしょうか。西アフリカの彫刻の場合、多くの「西洋」人にとって、この参照枠はヨーロッパのモダニズム彫刻になりそうです（それが西アフリカの木彫に大きな影響を受けているのは偶然ではありません）。ベニン王国の彫刻に惹かれるのは、それがたとえばコンスタンティン・ブランクーシ（一八七六〜一九五七年）のモダニズム彫刻（図一二）を連想させるからかもしれません。そして、そこからかなり多くの美的快楽や、場合によっては美的経験すら得られるかもしれません。

私の主張は社会学的なものです。すなわち私は、私たちが実際に、この種のものとどのようにかかわる傾向があるのか、という説明をしました。しかし、さらに次のような問いが生じます。それは、このような仕方で人工物とかかわるのは間違いなのだろうか、という問いです。言うまでもなく、これらのものはブランクーシのように経験されることを意図していません。

似たような問いとして、異なる時代の人工物に出会うとき、私たちは何を期待している

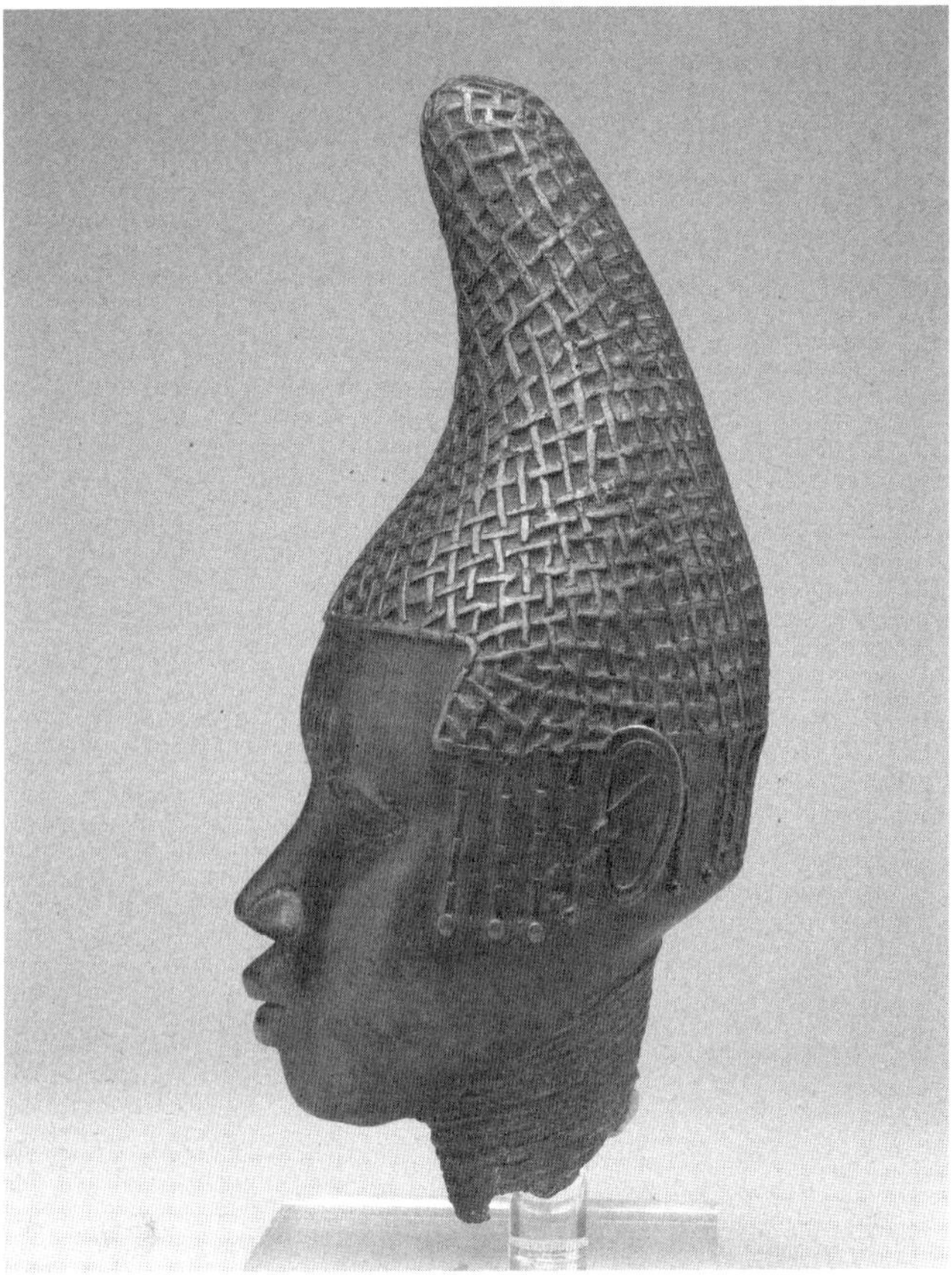

図一一 《皇太后の頭部》一六世紀（ベニン王国）(Courtesy National Museums Liverpool, World Museum)

図一二　コンスタンティン・ブランクーシ《マイアストラ》（グッゲンハイム美術館）（Constantin Brancusi, Maiastra, 1912(?). Brass on limestone base, 28¾×7 7/8×7 7/8 inches（73×20×20 cm）overall. The Solomon R. Guggenheim Foundation, Peggy Guggenheim Collection, Venice, 1976, 76.2553.50, Photo: David Heald ©The Solomon R. Guggenheim Foundation, New York）

のだろうか、というものがあります。美術館に行けば、多くの場合、異なる時代の人工物に出会うことになります。音楽を聴くことや文学を読むことについても同様です。そのとき私たちは何をするのでしょうか。

やはり私の主張は社会学的なものです。すなわち、私たちはこれらの作品を、自分と関連しうる仕方で、つまり現在の作品とのかかわりから慣れ親しんだ仕方で経験しようとするのです。第五章でドメニコ・ヴェネツィアーノの絵画を見るとき、私たちはそれを、非常に異なった種類の（たとえば二〇世紀の）絵画との出会いを通じて形成された仕方で見ようとしているのです。そこには、そのようにするのは間違いなのだろうか、という問いが残ります。

美的経験の文化的特殊性を考慮するならば、芸術作品とのかかわり方について何が間違いで何が正しいのかという問いは生じさえしません。というのも、ベニン王国の彫刻や初期イタリア絵画と、それがモダニズム芸術であるかのようにかかわることが間違いであろうとなかろうと、それ以外に選択肢はないからです。私たちにできるのは、せいぜい自文化という遠く離れたところからこれらの芸術作品を評価することくらいです。

すでに見たように、美的経験は文化的背景の影響をトップダウン式に受けます。ベニン王国の彫刻家と、この彫刻の本来の鑑賞者であった人々は、彼らの美的関与に、私とは非常に異なるトップダウンの影響を受けています。したがって、私たちが、その人工物のもともとの制作者や使用者と同じようなかかわり方をするということは、まずありそうもないのです。

しかし、少なくともこのギャップを埋めようとすることはできないでしょうか。やってみることはできるし、ある意味ではやってみるべきなのです。言うまでもなく、他の文化やその人工物について学ぶことは非常にやりがいのあることになりえます。しかし、ある文化にすっかり浸りきることが不可能に近いのにはきちんとした理由があり、それは私たちがいまやよく知っている心理現象、すなわち単純接触効果です（本書を通じて単純接触効果の概念に繰り返し触れることで、読者は誰しもこの概念に好感を抱くようになるはずです）。単純接触効果があるために、私たちの価値判断は、これまでどのような作品に出会ったのかに依存します。刷り込まれた美的嗜好（それは人格形成期のはじめに出会ったものによって決定づけられます）は、非常に、非常に、揺るぎがたいのです。

何十年もかけて、現場で異文化を探究することはできます。実際、多くの世界的な美術史家がそうしています。たとえばインドネシア美術を研究する場合、インドネシアに何年も何十年も滞在し、文化的環境とその環境の刺激に身をさらすのですが、それは慣れ親しんだ刺激とは非常に異なるものかもしれません。またそうすることで、単純接触効果が少なくとも部分的には覆ることがあります。しかし、人生は短しです。たとえインドネシア文化にすっかり浸りきったとしても、マヤ美術の展覧会ではなお完全に迷子になってしまうでしょう。

美学的な謙虚さふたたび

イギリスの美術史家・批評家のマイケル・バクサンドール（一九三三〜二〇〇八年）は、文化の参加者と観察者を区別しました。彼が言うように、「参加者は、観察者にはない直接性と自発性をもって［みずからの］文化を理解し、知る。［参加者は］理性的な自己意識なしに、文化の基準や規範のうちで行為することができるのだ」。

私が言いたいのは、異文化の参加者に完全になることは非常に難しく、実際、不可能に近いということです。どんなに努力しても、つねに観察者のままであるのが普通です。オセアニア美術に関する本を何冊か読んだからといって、突然参加者になるわけではありません。そして、その理由はおもに経験的なものです。つまり知覚に対するトップダウンの影響と単純接触効果です。

これに対してどうしたらよいでしょうか。遠く離れた文化や芸術制作の形式に関する文献を渉猟することは、非常にやりがいがあるため、やはりよい考えです。また、グローバルな美学は、他の文化圏の人々がみずからを取り巻く世界をどのように見てきたのかを理解するうえで、少なくともいくらかは役に立つはずです。遠く離れた文化に関する文献を渉猟することで、その文化をほんの少しでも近寄せることができますし、それによってこれまで知らなかった美的経験の可能性が開けることがあります。しかし、それによって、たんなる遠く離れた観察者ではない参加者になれるのだという思い違いをすべきではありません。

そしてこのことは、私たちが美学的な謙虚さを発揮するべきさらなる理由となります。私たちはつねに、みずからがよって立つところの文化的視点を意識し、みずからの美的評価を、非常に特殊な文化的視点からなされた評価として謙虚に扱うべきなのです。美学に関して傲慢になるのは簡単です。それはまさに、美学が私たちにとって個人的に非常に重要なものだからかもしれません。しかし、だからこそ美的評価には細心の注意が必要なのです。本書を読み終えたあとでぜひ覚えておいていただきたいことが一つあるとすれば、私たちは皆もっと美学的な謙虚さを持つべきだということです。

訳者解説

本書は以下の全訳である。Bence Nanay, *Aesthetics: A Very Short Introduction*, Oxford University Press, 2019. 著者のベンス・ナナイは現代分析美学の代表者であり、現在アントワープ大学哲学的心理学センターの教授を務めている。また、心理学者、神経科学者、哲学者が集まり知覚と感覚の研究を行っているヨーロッパ感覚研究ネットワークのディレクターでもあり、自身の研究も、美学、心理学、神経科学、哲学を含む多くの分野にまたがる学際的な性質を有する。本書以外の主著には以下がある。

Between Perception and Action, Oxford University Press, 2013
Aesthetics as Philosophy of Perception, Oxford University Press, 2016

Mental Imagery: Philosophy, Psychology, Neuroscience, Oxford University Press, 2023
Perception: The Basics, Routledge, 2024

主著のタイトルから窺われるように、広義の知覚論が著者の専門ということになる。なお、すでに邦訳された著書に、ドミニク・マカイヴァー・ロペス、ニック・リグルとの共著『なぜ美を気にかけるのか――感性的生活からの哲学入門』（森功次訳、勁草書房、二〇二三年）があるが、単著としては本書が初邦訳となる。

本書は、オックスフォード大学出版局から出ている入門書シリーズ「Very Short Introductions」――日本でも定評があり、多くの邦訳が刊行されているシリーズ――の一冊で、初学者向けに美学とはどういう学問かを紹介する内容となっている。またスタイルとしては、美学史を概説したり、いわゆるビッグネームを中心にして議論を進めたりする形ではなく、各章・各セクションにおいて、身近な話題を緒《いとぐち》として抽象的な思考へと導くという仕方で、さまざまな角度から美学という学問の輪郭を浮かび上がらせる形式を取っている。

総じて砕けた語り口の小著であり、あらためて解説を要するような難解な記述も見当たらないため、ここでは訳しながら目についた特徴について二、三述べるにとどめたい。私見によれば、類書と比べた際の本書のユニークな点は、大きく言って二つある。一つ目は、美学の主要なトピックとして注意と経験を強調する点である。著者は、西洋美学において伝統的に重視されてきた論点、すなわち美、快楽、感情、「それ自体として価値を認めること」という四つの論点を批判的に検討したうえで、美学の中心的なテーマはこれらのいずれでもなく、むしろ注意――および注意が作動する場としての経験――にある、というテーゼを打ち出す。経験は注意を払うものに依存し、注意を移すと経験も変化する。また、注意の払い方にはさまざまなものがあり、その中には美的経験につながりやすいものとつながりにくいものがある。著者がとりわけ重視するのは、「しばりのない《オープン・エンディド》注意」と呼ばれる注意の払い方、すなわち「一つの対象の多くの特徴に注意を分散させ、しかも特定の目的や目標を念頭に置いていないときの注意の払い方」（六五頁）である。というのも美的経験は、こうしたリラックスした状態において起こりやすい傾向があるからである。また、美的経験において人は、対象に注意するだけでなく、経験の質にも注意を払い、さらには対象と経験の関係に注意を払う。著者によれば、この最後の仕方で注意を払うこと（＝対象と経験の関係への注意）も、美的経験の決定的な特徴となるという。

著者は、この経験重視の立場から、伝統的な西洋美学における判断（＝美的判断）の厚遇に異議を唱える。曰く、西洋美学がもっぱら焦点を当ててきたのは、美的経験の時間的な展開ではなく、経験の最後に訪れる判断であった。言うなれば、これまでの美学は経験の最後の瞬間に当該の経験の全体が集約されると考えてきたのである。こうした判断中心の美学に対して著者は、美学とはむしろ、美的対象の経験が時間的に展開する仕方（および、そこにおける注意の働かせ方）にかかわるものである、と主張する。

もう一つ本書のユニークな点は、著者が「グローバルな美学」と呼ぶものの重視である。美的経験の普遍性を前提とする従来の西洋美学――加えて、脳機能と美的経験との関連を探究する最近の神経美学――に対して著者は、知覚に対するトップダウンの影響の大きさ（すなわち、いかなる信念や知識を有しているかが視覚処理や聴覚処理に大きな影響を与えること）や、知識や信念の文化依存性といった理由から、美的経験もまた、育った文化や時代によって異なるものになるはずだと考える。では、異なる文化間の美的経験が根本的に異なる場合、他の文化がいかなる美的経験をしているのか知る術はまったくないのだろうか。必ずしもそうとは限らない。著者によれば、あらゆる造形物が持つ美学的に重要な特徴に注目することによって、異文化の美的経験を理解するうえで助けとなることがある。このように、「グローバルな美学」とは、文化特有の情報と、造形物一般に共通する形式的特徴の両者を往還しつつ、それらに等しく配慮する形で美的経験を扱おうとする美学と言える。

ただし、このうち著者がどちらかというと強調するのは前者、すなわち異文化の美的経験を理解することの困難や限界のほうである。本書で挙げられている例を用いるならば、たとえばベニン王国の彫刻のもともとの制作者および鑑賞者は、彼らの美的関与に、西洋人とは非常に異なるトップダウンの影響を受けるのであって、したがって西洋人とベニンの人々が当該の彫刻に対して同じようなかかわり方をする蓋然性はそれほど高くない。もちろん、書物などから得る知識によって、そのギャップを埋めることは不可能ではないが、それとて完全なものではない。著者が「美学的な謙虚さ」の重要性を繰り返し説くのは、こうした理由による。私たちには、つねにみずからがよって立つ視点の偏りを意識し、みずからの美的評価を、非常に特殊な文化的視点からなされたものとして謙虚に扱うことが求められるのだ。

なお著者は現在、この「グローバルな美学」というテーマにあらためて取り組んだ新著（『グローバルな美学』）を執筆中とのことである。すでに美術史の分野では、二一世紀以降、「グローバルな美術史」という考え方が普及してきた。それは、西洋特有の芸術概念や美術史の方法論を無批判に西洋以外の造形物に当てはめてきた歴史を反省し、美術史の別様の語り方を目指すものである。[1] たとえば美術史家のダナ・アーノルドは、「特定のものに対して西洋人が見出す価値は、それを生み出した社会が適用する価値とは異なるかもしれない。特定のメディアを他のメディアよりも重視する西洋の価値観に関しても同じことが言える[2]」と述べているが、こうした指摘には本書の問題意識と通じるところがある。確かに、西洋中心の美術史記述への反省を深めてきた二一世紀の美術史に対して、美学の分野では、西洋中心の感性論が再考される機会は、それほど多かったとは言えない。[3] 西洋の哲学史において、人間の感性や美的経験は、文化的差異をほとんど考慮されることなく（言い換えれば、西洋を基準として）、おおよそあらゆる人間存在に普遍的なものとして扱われてきた。これは、たとえば九〇年代以降、ジェンダーの観点から従来の美術史の見直しが進むのと並行して、美学の分野でもジェンダーに焦点を当てた研究が見られるようになってきた状況と比較してみても対照的である。[4] 上述の西洋中心の哲学史への反省から、哲学の分野では近年、「世界哲学」という考え方が提唱されるようになってきたが、「グローバルな美学」は、この「世界哲学」のサブジャンルとみなすこともできる。[5]

一方、心理学の分野では近年、情動《エモーション》の文化的差異への注目が高まっている。たとえば心理学者のリサ・フェルドマン・バレットの提唱する「構成主義的情動理論」は、情動の生得性・普遍性を否定し、情動とは構築されるものであるという側面を強調する。(6) また、社会心理学者のバチャ・メスキータは、情動の働きや捉え方は人類共通のものではなく、文化的な差異が非常に大きいことを指摘する。(7) さらに人類学者のジョセフ・ヘンリックは、

---

(1)「グローバルな美術史」に関して、より詳しくは以下の「グローバル・アート・ヒストリー」の項目を参照。美学会編『美学の事典』丸善出版、二〇二〇年、二三四〜二三七頁。

(2) Dana Arnold. *Art History: A Very Short Introduction*. 2nd edition. Oxford University Press, 2020, p 54.〔ダナ・アーノルド『美術史』鈴木杜幾子訳、岩波書店、二〇〇六年。ただし引用箇所は、二〇二〇年刊行の第二版に追加された新たな章より。〕

(3) 本書とアプローチや方向性は異なるが、やはり「グローバルな美学」という問題意識を共有する著作に以下がある。ニコラ・ブリオー『ラディカント──グローバリゼーションの美学に向けて』武田宙也訳、フィルムアート社、二〇二二年。

(4) ジェンダーの観点からの美学再考として、日本語で読める著作にはたとえば以下がある。エリザベス・A・ボールズ『美学とジェンダー──女性の旅行記と美の言説』長野順子訳、ありな書房、二〇〇四年；キャロリン・コースマイヤー『美学──ジェンダーの視点から』長野順子・石田美紀・伊藤政志訳、三元社、二〇〇九年；高木駿『カント『判断力批判』入門──美しさとジェンダー』よはく舎、二〇二三年。

(5)「世界哲学」については以下を参照。納富信留『世界哲学のすすめ』筑摩書房、二〇二四年。

(6) リサ・フェルドマン・バレット『情動はこうしてつくられる──脳の隠れた働きと構成主義的情動理論』高橋洋訳、紀伊國屋書店、二〇一九年。

社会心理学者たちとの共同研究から、これまでの心理学的知見の多くが、西洋人という極めて偏ったサンプルに基づくものであったこと、また複数の文化集団から得られたデータと照合したところ、この西洋人というサンプルが多くの場合、いわゆる外れ値に位置づけられることを明らかにした[8]。ここからは、情動に関する従来の心理学的知見もまた、往々にしてこうした外れ値に基づいたものであり、したがって再考の余地があることが示唆される。これらの議論もまた、本書の語る「グローバルな美学」の企図と響き合い、それを後押しするものであるだろう。

　これまで見てきた二つの特徴からも明らかなように、本書は入門書であると同時に、著者の色（＝美学観）が比較的はっきりと打ち出された一つの美学書でもある。カントや美的判断に対する手厳しい批判など、入門書としてはいささか異例の記述が見られるのは、その証左である。一方で本書は――たとえば四つの美学説の批判的検討が美学史の簡単な紹介も兼ねている、というように――、啓蒙的な内容ももちろん含むし、何より（狭義の芸術に限らない）身近な例を用いつつ平易な語り口で進み、前提知識なしに読んでも美学という学問のイメージをつかめるという点では、一般的な入門書の役割を十分果たしてもいる。本書で美学に入門した読者には、ぜひ他の入門書や巻末の参考文献表の本なども手に取って、つかんだばかりの美学のイメージをさらに豊かにしていっていただけたらと思う。

最後に、今回も編集の労を執っていただいた人文書院の松岡隆浩さんに御礼を申し上げたい。本書の企画を相談したところ、すぐさま興味を示してくださり、スムーズに実現まで導いてくださった。また、原稿提出後の作業においても、いつもながらの手際のよい仕事ぶりに大いに助けられた。

武田宙也

二〇二四年一一月

(7) バチャ・メスキータ『文化はいかに情動をつくるのか――人と人のあいだの心理学』高橋洋訳、紀伊國屋書店、二〇二四年。
(8) ジョセフ・ヘンリック『WEIRD「現代人」の奇妙な心理――経済的繁栄、民主制、個人主義の起源(上)』今西康子訳、白揚社、二〇二三年。

York: Houghton Mifflin, 1960).

英米の現代美学

Malcolm Budd, *Values of Art* (London: Allen Lane, 1995).

Noël Carroll, *Beyond Aesthetics* (Cambridge: Cambridge University Press, 2001).

Diarmuid Costello, Kant and the Problem of Strong Non-perceptual Art. *British Journal of Aesthetics* 53 (2013): 277-98.

Robert Hopkins, *Picture, Image and Experience: A Philosophical Inquiry* (Cambridge: Cambridge University Press, 1998).

Matthew Kieran, *Revealing Art* (London: Routledge, 2005).

John Kulvicki, *On Images: Their Structure and Content* (Oxford: Oxford University Press, 2006).

Derek Matravers, Aesthetic Properties. *Proceedings of the Aristotelian Society* Supplementary Volume 79 (2005): 191-210.

Aaron Meskin, Mark Phelan, Margaret Moore, and Matthew Kieran, Mere Exposure to Bad Art. *British Journal of Aesthetics* 53 (2013): 139-64.

Elisabeth Schellekens, Towards a Reasonable Objectivism for Aesthetic Judgements. *British Journal of Aesthetics* 46/2 (2006): 163-77.

Kendall L. Walton, Categories of Art. *Philosophical Review* 79 (1970): 334-67.〔ケンダル・ウォルトン「芸術のカテゴリー」森功次訳、https://note.com/morinorihide/n/ned715fd23434〕

Richard Wollheim, *Painting as an Art* (Princeton: Princeton University Press, 1987). Nick Zangwill, *The Metaphysics of Beauty* (Ithaca, NY: Cornell University Press, 2001).

Roger Fry, *Vision and Design* (London: Chatto and Windus, 1920).〔ロジャー・フライ『ヴィジョンとデザイン』蜂巣泉・堀川麗子訳、水声社、二〇一九年。〕

Clifford Geertz, *The Interpretation of Cultures* (New York: Basic Books, 1973).〔クリフォード・ギアツ『文化の解釈学1・2』吉田禎吾・柳川啓一・中牧弘允・板橋作美訳、岩波書店、一九八七年。〕

フェミニズム美学とポストコロニアル美学

Peg Brand (ed.), *Beauty Matters* (Bloomington, Ind.: Indiana University Press, 2000).

Peg Brand and Mary Devereaux (eds), *Women, Art, and Aesthetics*, Special issue of *Hypatia* 18/4 (2003).

Anne Eaton, Why Feminists Shouldn't Deny Disinterestedness. In: L. Ryan Musgrave (ed.), *Feminist Aesthetics and Philosophy of Art: The Power of Critical Visions and Creative Engagement* (New York: Springer, 2017).

Sherri Irvin, *Body Aesthetics* (Oxford: Oxford University Press, 2016).

Carolyn Korsmeyer, *Gender and Aesthetics* (London: Routledge, 2004).〔キャロリン・コースマイヤー『美学――ジェンダーの視点から』長野順子・石田美紀・伊藤政志訳、三元社、二〇〇九年。〕

Paul C. Taylor, *Black is Beautiful: A Philosophy of Black Aesthetics* (New York: Wiley, 2016).

英米の古典美学

Monroe Beardsley, *Aesthetics*, 2nd edition (Indianapolis: Hackett, 1981).

Edward Bullough, 'Phychical Distance' as a Factor in Art and as an Aesthetic Principle. *British Journal of Psychology* 5 (1912): 87-98.

John Dewey, *Art as Experience* (New York: Putnam, 1934).〔ジョン・デューイ『経験としての芸術』栗田修訳、晃洋書房、二〇一〇年。〕

Frank Sibley, Aesthetic and Nonaesthetic. *The Philosophical Review* 74/2 (1965): 135-59.

Jerome Stolnitz, *Aesthetics and Philosophy of Art Criticism* (New

さらに詳しく知りたい人のための参考文献

「西洋」以外の美学

Heather Ahtone, Designed to Last: Striving towards an Indigenous American Aesthetics. *International Journal of the Arts in Society* 4 (2009): 373-85.

Zainab Bahrani, *The Graven Image: Representation in Babylonia and Assyria* (Philadelphia: University of Pennsylvania Press, 2003).

H. Gene Blocker, Non-Western Aesthetics as a Colonial Invention. *Journal of Aesthetic Education* 35 (2001): 3-13.

Stephen Davies, Balinese Aesthetics. *Journal of Aesthetics and Art Criticism* 65/1 (2007): 21-9.

Susan L. Feagin (ed.), *Global Theories of Art and Aesthetics*. Special issue of *Journal of Aesthetics and Art Criticism* 65/1 (2007).

Dominic Lopes, Shikinen Sengu and the Ontology of Architecture in Japan. *Journal of Aesthetics and Art Criticism* 65 (2007): 77-84.

Philip Rawson, The Methods of Zen Painting. *British Journal of Aesthetics* 7 (1967): 315-38.

Yuriko Saito, The Moral Dimension of Japanese Aesthetics. *Journal of Aesthetics and Art Criticism* 65/1 (2007): 85-97.

Susan P. Walton, Aesthetic and Spiritual Correlations in Javanese Gamelan Music. *Journal of Aesthetics and Art Criticism* 65/1 (2007): 31-41.

Robert Wicks, The Idealization of Contingency in Traditional Japanese Aesthetics. *Journal of Aesthetic Education* 39 (2005): 88-101.

Ajume H. Wingo, African Art and the Aesthetics of Hiding and Revealing. *British Journal of Aesthetics* 38 (1998): 251-64.

美学と美術史／人類学

Franz Boas, *Primitive Art* (Cambridge, Mass.: Harvard University Press, 1927). Whitney Davis, *A General Theory of Visual Culture* (Princeton: Princeton University Press, 2011). 〔フランツ・ボアズ『プリミティヴアート』大村敬一訳、言叢社、二〇一一年。〕

spo. 7523862.0011.016.

表面と場面の絵画的構成について、より詳しくは以下を参照。Bence Nanay, Two-Dimensional versus Three-Dimensional Pictorial Organization. *Journal of Aesthetics and Art Criticism* 73 (2015): 149–57.

バクサンドールの引用は以下より。Michael Baxandall, *Patterns of Intention* (New Haven: Yale University Press, 1985), p. 109.

Experience of Art. *British Journal of Aesthetics* 52 (2012): 353-63.

「密やかな美」または幽玄については以下を参照。T. Izutsu, and T. Izutsu, *The Theory of Beauty in the Classical Aesthetics of Japan* (The Hague: Martinus Nijhoff, 1981). 以下も参照。Y. Saito, The Japanese Aesthetics of Imperfection and Insufficiency. *Journal of Aesthetics and Art Criticism* 55/4 (1997): 377-85.

イブン・スィーナーとイメージについては以下を参照。Valerie Gonzales, *Beauty and Islam* (London: I. B. Tauris Publishers, 2001), esp. pp. 16-18.

ヴェルフリンの引用は以下より。Heinrich Wölfflin, *Principles of Art History* (New York: Dover, 1932), p. 11.〔ハインリヒ・ヴェルフリン『美術史の基礎概念——近世美術における様式発展の問題』海津忠雄訳、慶應義塾大学出版会、二〇〇九年、一六頁。〕

視覚の歴史をめぐる議論について、より詳しくは以下を参照。Bence Nanay, The History of Vision. *Journal of Aesthetics and Art Criticism* 73 (2015): 259-71.

一五世紀のイタリアで絵画がどのように見られていたのかに関して、どれほどのことが知られているのかについては以下を参照。Michael Baxandall, *Painting and Experience in Fifteenth Century Italy* (Oxford: Oxford University Press, 1972).〔マイケル・バクサンドール『ルネサンス絵画の社会史』篠塚二三男・池上公平・石原宏・豊泉尚美訳、平凡社、一九八九年。〕

「イファラホン」とヨルバ美学全般については以下を参照。Stephen F. Sprague: Yoruba photography. *African Art* 12 (1978): 52-107.

謝赫の絵画美学については以下を参照。H. Saussy, *The Problem of a Chinese Aesthetic* (Stanford, Calif.: Stanford University Press, 1993)

『ヴィシュヌダルモッタラ・プラーナ』はオンラインで自由に利用可能。Stella Kramrisch, The *Vishnudharmottara Part III: A Treatise on Indian Painting and Image-Making* (Calcutta: Calcutta University Press, 1928).

日本美学における絵画的構成については以下を参照。Ken-ichi Sasaki, Perspectives East and West. *Contemporary Aesthetics* 11 (2013):

Bence Nanay, Defamiliarization and the Unprompted (not Innocent) Eye. *Nonsite* 24 (2018): 1-17.

デュシャンの引用は以下より。Calvin Tomkins, *The Afternoon Interviews* (Brooklyn: Badlands, 2013), p. 55.〔マルセル・デュシャン＋カルヴィン・トムキンズ『マルセル・デュシャン アフタヌーン・インタヴューズ――アート、アーティスト、そして人生について』中野勉訳、河出書房新社、二〇一八年、一〇二頁。〕

プルーストの長い引用は以下より。Marcel Proust, *Within a Budding Grove*, trans. C. K. Scott Moncrieff (New York: Vintage, 1970), p. 325.〔マルセル・プルースト『失われた時を求めて 4 ――花咲く乙女たちのかげにⅡ』吉川一義訳、岩波書店、二〇一二年、四八八頁。〕

アド・ラインハートの引用は以下より。Ad Reinhardt, 'How to Look at Things through a Wineglass'. *PM*, 7 July 1946.

第七章　グローバルな美学

デ・クーニングの線路のアナロジーは以下より。Willem De Kooning, 'The Renaissance and Order'. *Trans/formation* 1 (1951): 86-7.

知覚へのトップダウンの影響を扱った文学に関する要約は以下を参照。Christoph Teufel and Bence Nanay, How to (and how not to) Think about Top-down Influences on Perception. *Consciousness and Cognition* 47 (2017): 17-25.

水槽を見ているときに何に注目するかに関する異なる文化間の調査結果については以下を参照。Takahiko Masuda and Richard E. Nisbett, Attending Holistically versus Analytically: Comparing the Context Sensitivity of Japanese and Americans. *Journal of Personality and Social Psychology* 81 (2001): 922-34.

心的イメージと美学におけるその重要な役割については以下を参照。Bence Nanay, *Seeing Things You Don't See* (Oxford: Oxford University Press, forthcoming).

ラサの伝統における美的経験の複合的様式《マルチモダリティ》については以下を参照。K. M. Higgins, An Alchemy of Emotion: Rasa and Aesthetic Breakthroughs. *Journal of Aesthetics and Art Criticism* 65/1 (2007): 43-54; 以下も参照。Bence Nanay, The Multimodal

ベルト・ムージル『特性のない男3』加藤二郎訳、松籟社、一九九二年、八三頁。〕

カミュの引用は死後出版の以下の小説より。Albert Camus, *A Happy Death* (New York: Penguin, 2002).〔アルベール・カミュ『幸福な死』高畠正明訳、新潮社、一九七六年。〕

みずからの人生の観客になることに関するオスカー・ワイルドの言葉の鮮烈な表現は以下の小説より。Oscar Wilde, *The Picture of Dorian Grey* (New York: Barnes and Noble, 1995), p. 121.〔オスカー・ワイルド『ドリアン・グレイの肖像』富士川義之訳、岩波書店、二〇一九年、二一〇頁。〕

アルトゥール・ショーペンハウアーもまた、美的熟考という考えの有力な支持者の一人であった。とりわけ以下を参照。Arthur Schopenhauer, *The World as Will and Representation* (Cambridge: Cambridge University Press, 2011).〔アルトゥール・ショーペンハウアー『意志と表象としての世界1～3』西尾幹二訳、中央公論新社、二〇〇四年。〕

ソンタグの引用は以下に所収の試論「様式《スタイル》について」(一九六五年) より。*Against Interpretation* (New York: Farrar Straus Giroux, 1986), p. 27.〔スーザン・ソンタグ『反解釈』、前掲書、五三頁。〕

アンドレ・ジッドの引用は以下より。André Gide, *Diary*, 25 July 1934.〔アンドレ・ジッド『ジッドの日記4』新庄嘉章訳、日本図書センター、二〇〇三年、二二〇頁。〕

スタンダールの引用は『パルムの僧院』の第二三章より。

ジョルジョ・デ・キリコの引用は以下より。Giorgio de Chirico, 'Meditations of a Painter, 1912'. In Herschel B. Chipp (ed.), *Theories of Modern Art* (Berkeley: University of California Press, 1968), pp. 397–8.〔ジョルジョ・デ・キリコ「ある画家の瞑想」岩倉翔子訳『ヴィヴァン　—新装版・二五人の画家(第二五巻)デ・キリコ』中原佑介編集・解説、講談社、一九九六年所収、九五頁。〕

芸術は私たちの習慣に反して働くという一般的な考え方は、ロシア・フォルマリズムと関連していることが多い。たとえば以下を参照。Victor Shklovsky, 'Art as Technique' (1917). In *Russian Formalist Criticism: Four Essays*, ed. Lee T. Lemon and Marion J. Reis (Lincoln, Nebr.: University of Nebraska Press, 1965). See also

Journal of Aesthetics and Art Criticism 60/3 (2002): 227-38.
イスラム美学における経験の役割については以下を参照。Valerie Gonzalez, *Beauty and Islam: Aesthetics in Islamic Art and Architecture* (London: I. B. Tauris, 2001). 以下も参照。J. N. Erzen, Islamic Aesthetics: An Alternative Way to Knowledge. *Journal of Aesthetics and Art Criticism* 65/1 (2007): 69-75.
アッシリア＝バビロニア美学における「タブリトゥ」概念については以下を参照。Irene J. Winter, The Eyes Have It: Votive Statuary, Gilgamesh's Axe, and Cathected Viewing in the Ancient Near East. In: Robert S. Nelson (ed.), *Visuality Before and Beyond the Renaissance: Seeing as Others Saw* (Cambridge: Cambridge University Press, 2000), pp. 22-44.

第五章　美学と他者

ポーリン・ケイルの言葉を紹介しておこう。「私は批評を芸術とみなしており、この国、この時代において、批評が誠実に実践されるとしたら、それは前衛的な映画芸術家の仕事同様、割に合うものではない。」以下を参照。Pauline Kael, *I Lost It at the Movies: The Essential Kael Collection '54-'65* (London: Marion Boyars, 2002), p. 234.
イーグルトンの引用は以下より。Terry Eagleton, *The Function of Criticism* (London: Verso, 1984), p. 7.〔テリー・イーグルトン『批評の機能——ポストモダンの地平』大橋洋一訳、紀伊國屋書店、一九八八年、六〜七頁。〕
マルローの言葉は以下より。André Malraux, *Museum without Walls* (New York: Doubleday, 1967), p. 236.〔アンドレ・マルロオ『東西美術論１　空想の美術館』小松清訳、新潮社、一九五七年。〕

第六章　美学と人生

ベレニス・アボットの引用は以下より。Julia Van Haaften, *Berenice Abbott: A Life in Photography* (New York: W. W. Norton, 2018).
ロベルト・ムージルの気の利いた言葉は以下の小説より。Robert Musil, *The Man without Qualities*, trans. Eithne Wilkins and Ernst Kaiser (London: Picador, 1979) (1930/２). Volume II, p. 336.〔ロ

美的嗜好の絶えざる変化に関する調査結果については以下を参照。
Cambeon Pugach, Helmut Leder, and Daniel J. Graham, How Stable are Human Aesthetic Preferences across the Lifespan. *Frontiers in Human Neuroscience* 11 (2017): 289. doi: 10.3389/fnhum.2017.00289.

私たちは変化しないと思っているが実は変化しているという現象には、「歴史の終わり幻想」という凝った呼び名まである。以下を参照。〈https://www.ted.com/talks/bence_nanay_the_end_of_history_illusion〉.

印象派絵画を使った単純接触効果の実験は以下で報告されている。
James E. Cutting, The Mere Exposure Effect and Aesthetic Preference. In: P. Locher et al. (eds), *New Directions in Aesthetics, Creativity and the Psychology of Art* (New York: Baywood, 2007), pp. 33–46. 以下も参照。Bence Nanay, Perceptual Learning, the Mere Exposure Effect and Aesthetic Antirealism. *Leonardo* 50 (2017): 58–63.

判断中心の美学とはどのようなものかについてのよい説明は以下を参照。
Malcolm Budd, Aesthetic Judgements, Aesthetic Principles and Aesthetic Properties. *European Journal of Philosophy* 7/3 (1999): 295–311.

美学が美的現象から得られる快楽について語ることをいかに避けるべきではないかについてのよい説明は以下を参照。Jerrold Levinson, Pleasure and the Value of Works of Art, in his *The Pleasures of Aesthetics* (Ithaca, NY: Cornell University Press, 1996).

スーザン・ソンタグの引用は以下に所収の試論「様式《スタイル》について」(初出は一九六五年)より。*Against Interpretation* (New York: Farrar Straus Giroux, 1986), p. 21.〔スーザン・ソンタグ『反解釈』、前掲書、四五頁。〕

ヒュームの試論は以下に所収の「趣味の基準について」(一七五七年)。
David Hume, *Essays: Moral, Political and Literary*, ed. Eugene Miller (Indianapolis: Liberty, 1985).〔デイヴィッド・ヒューム『ヒューム　道徳・政治・文学論集』田中敏弘訳、名古屋大学出版会、二〇一一年。〕ヒュームの議論の非常に綿密な分析は以下を参照。Jerrold Levinson, Hume's Standard of Taste: The Real Problem.

ゴリラの実験は以下より。D. J. Simmons and C. F. Chabris, Gorillas in our Midst: Sustained Inattentional Blindness for Dynamic Events. *Perception* 28 (1999): 1059-74. この現象を、非注意性盲目ではなく非注意性健忘（ゴリラを見ても、見たことをすぐに忘れてしまう）と解釈する反対意見もある。以下を参照。J. M. Wolfe, Inattentional Amnesia. In: V. Coltheart (ed.), *Fleeting Memories. Cognition of Brief Visual Stimuli* (Cambridge, Mass.: MIT Press, 1999).

集中した注意対分散した注意に関する心理学的研究のよい要約は以下を参照。Arien Mack, Is the Visual World a Grand Illusion? *Journal of Consciousness Studies* 9 (2002): 102-10.

集中した注意対分散した注意のより詳細な説明については以下を参照。Bence Nanay, *Aesthetics as Philosophy of Perception* (Oxford: Oxford University Press, 2016).

ダニエル・ユイレの言葉はタグ・ギャラガーによる二〇〇五年のインタビューより。*Senses of Cinema*, 2005, Issue 37.

マリーナ・アブラモヴィッチの引用はロス・シモニーニによる二〇一二年のインタビューより。*Globe and Mail* 20 February 2012.

フェルナンド・ペソアの引用は以下より。*The Book of Disquiet* (London: Serpent's Tail, 1991), p. 77 (76 [389]).〔フェルナンド・ペソア『不安の書』、前掲書、一三三頁。〕

サンスクリット美学およびラサ理論一般における経験の役割については以下を参照。Sheldon Pollock (ed.), *A Rasa Reader* (New York: Columbia University Press, 2016).

知覚の透明さについてのよい要約は以下を参照。Laura Gow's The Limitations of Perceptual Transparency. *Philosophical Quarterly* 66 (2016): 723-44.

第四章　美学と自己

美的嗜好が自己にとっていかに重要かに関する調査結果は以下の論文の公刊に端を発する。Nina Strohminger and Shaun Nichols, The Essential Moral Self. *Cognition* 131 (2014): 159-71. また、本論文にはさまざまな応答があった。とりわけ以下を参照。J. Fingerhut, J. Gomez-Lavin, C. Winklmayr, and J. J. Prinz, The Aesthetic Self. In: *Frontiers in Psychology* (forthcoming).

美的感情としての形式的特徴の熟考については以下を参照。Clive Bell, *Art* (London: Chatto and Windus, 1914).

あらゆる行為は感情的行為であるという主張については以下を参照。Bence Nanay, All Actions are Emotional Actions. *Emotion Review* 9 (2017): 350-2.

フェルナンド・ペソアの引用は以下より。Fernando Pessoa, *The Book of Disquiet* (London: Serpent's Tail, 1991), p. 27 (29 [87]).〔フェルナンド・ペソア『不安の書』高橋都彦訳、彩流社、二〇一九年、二九二頁。〕

ソンタグの引用は以下に所収の試論「様式《スタイル》について」(一九六五年)より。Susan Sontag, *Against Interpretation* (New York: Farrar Straus Giroux, 1986), p. 27.〔スーザン・ソンタグ『反解釈』高橋康也・出淵博・由良君美・海老根宏・河村錠一郎・喜志哲雄訳、筑摩書房、一九九六年、五三頁。〕

「それ自体として価値を認める」アプローチのよい例は以下の第三章である。Robert Stecker, *Aesthetics and Philosophy of Art* (Lanham, Md: Rowman and Littlefield, 2005).〔ロバート・ステッカー『分析美学入門』森功次訳、勁草書房、二〇一三年。〕

トロフィーとプロセスのバランスについて、より詳しくは以下を参照。〈https://www.psychologytoday.com/intl/blog/psychology-tomorrow/201812/the-trophy-process-balance〉.

ハクスリーの本は以下。Aldous Huxley, *The Doors of Perception* (London: Chatto and Windus, 1954).〔オルダス・ハクスリー『知覚の扉』河村錠一郎訳、平凡社、一九九五年。〕

プルーストの引用は以下より。Marcel Proust, *Sodom and Gomorrah*, chapter II, paragraph 25 (p. 138 in the Moncrieff translation).〔マルセル・プルースト『失われた時を求めて 8――ソドムとゴモラⅠ』吉川一義訳、岩波書店、二〇一五年。〕

第三章　経験と注意

以下では、美的経験と非美的経験において注意から生じうる違いについて、視覚的な例をさらにいくつか紹介している。〈https://aestheticsforbirds.com/2014/06/16/paying-aesthetic-attention-bence-nanay/〉.

Object, the Artisan and the Artist. *Bulletin de l'effort moderne* (Paris, 1924).

無関心な快楽というカントの概念については以下を参照。Immanuel Kant, *Critique of Judgement*, trans. W. S. Pluhar (Indianapolis: Hackett, 1987, originally 1790).〔イマヌエル・カント『判断力批判』熊野純彦訳、作品社、二〇一五年。〕

回復の快楽と強壮性の快楽の区別についてのよい要約は以下を参照。Michael Kubovy, On the Pleasures of the Mind. In: D. Kahneman, E. Diener, and N. Schwartz (eds), *Well-Being: Foundations of Hedonic Psychology* (New York: Russell Sage Foundation, 1999), pp. 134-49.

美的快楽を持続の快楽として説明するもののうち最もうまくいっているのはモハン・マテンの理論である。以下を参照。Mohan Matthen, The Pleasure of Art. *Australasian Philosophical Review* 1 (2017): 6-28. 私が「安堵の快楽」と呼ぶものをマテンは「r 快楽」と(またクボヴィは「回復の快楽」と)呼び、私が「持続の快楽」と呼ぶものをマテンは「f 快楽」と(またクボヴィは「強壮性の快楽」と)呼ぶ。

ローラ・マルヴィの論文は以下に掲載されている。*Screen* 16/3 (1975): 6-18.〔ローラ・マルヴィ「視覚的快楽と物語映画」斉藤綾子訳『「新」映画理論集成 1』岩本憲児・武田潔・斉藤綾子編、フィルムアート社、一九九八年所収。〕

アイリス・マードックの引用は以下より。Iris Murdoch, Existentialist Hero, *The Listener* 23 (March 1950), p. 52.

クブラーの引用は以下より。George Kubler, *The Shape of Time* (New Haven: Yale University Press, 1962), p. 80.〔ジョージ・クブラー『時のかたち』中谷礼仁・田中伸幸訳、鹿島出版会、二〇一八年、一五九頁。〕

美的感情としての驚きについては以下を参照。Jesse Prinz, *Works of Wonder* (New York: Oxford University Press, forthcoming).

美的感情としての感動については以下を参照。Florian Cova and Julien Deonna, Being Moved. *Philosophical Studies* 169 (2014): 447-66 (ただし彼らは、これがあらゆる美的関与の普遍的特徴であると主張することはけっしてない).

参考文献

第一章　美術館で迷子

ゴンブローヴィッチの引用は以下より。Witold Gombrowicz, *Diaries* (New Haven: Yale University Press, 2012), p. 39.

レジェの話は以下より。Fernand Léger, The Machine Aesthetic. *Bulletin de l'effort moderne* (Paris, 1924).

ニューマンの引用は以下より。John P. O'Neill (ed.), *Barnett Newman: Selected Writings and Interviews* (New York: Alfred A. Knopf, 1990), p. 25.

「西洋美学において影響力のある一派」は、イマヌエル・カントの『判断力批判』まで遡る。

日常風景の美学の重要性については以下を参照。Sherri Irvin, The Pervasiveness of the Aesthetic in Ordinary Experience. *British Journal of Aesthetics* 48 (2008): 29-44; Bence Nanay, Aesthetic Experience of Artworks and Everyday Scenes. *The Monist* 101 (2018): 71-82; Yuriko Saito, *Everyday Aesthetics* (Oxford: Oxford University Press, 2007).

第二章　セックス、ドラッグ、ロックンロール

「セックス、ドラッグ、ロックンロール」問題に関するよい説明は以下を参照。Jerrold Levinson, *The Pleasures of Aesthetics* (Ithaca, NY: Cornell University Press, 1996).

本書で「美容室アプローチ」と呼ぶものは、プラトンからメアリー・マザーシルに至るまで、美を論じた「西洋」のテクストのほとんどすべてに見出すことができる。以下を参照。Mary Mothersill, *Beauty Restored* (Oxford: Clarendon Press, 1984).

オスカー・ワイルドの引用は一八七九年の美大生への講義より。Oscar Wilde, *Essays and Lectures* (London: Methuen, 1911), p. 111.

非常に民主主義的な「美」説で、本書のアプローチともおおよそ適合的なものについては以下を参照。Dominic Lopes, *Being for Beauty* (Oxford: Oxford University Press, 2018).

レジェの引用は以下より。The Machine Aesthetic: The Manufactured

マ行

ヤ行

ラ行

ワ行

人名索引

著者紹介

ベンス・ナナイ（Bence Nanay）

アントワープ大学哲学的心理学センター教授。著書に、*Between Perception and Action*（2013年）、*Aesthetics as Philosophy of Perception*（2016年）、*Mental Imagery: Philosophy, Psychology, Neuroscience*（2023年）、*Perception: The Basics*（2024年）など。邦訳に、ドミニク・マカイヴァー・ロペス、ニック・リグルとの共著『なぜ美を気にかけるのか　感性的生活からの哲学入門』（森功次訳、勁草書房）。

訳者紹介

武田宙也（たけだ　ひろなり）

1980年生。京都大学大学院人間・環境学研究科准教授。博士（人間・環境学）。著書に、『フーコーの美学』（人文書院）、『フーコー研究』（共著、岩波書店）、『ミシェル・フーコー『コレージュ・ド・フランス講義』を読む』（共著、水声社）など。訳書に、ロベルト・エスポジト『三人称の哲学』（共訳、講談社）、ジャン・ウリ『コレクティフ』（共訳、月曜社）、マキシム・クロンブ『ゾンビの小哲学』（共訳、人文書院）、ニコラ・ブリオー『ラディカント』（フィルムアート社）など。

Printed in Japan
ISBN 978-4-409-03135-3 C3010

美学入門《びがくにゅうもん》

二〇二五年二月二〇日　初版第一刷印刷
二〇二五年二月二八日　初版第一刷発行

著者　ベンス・ナナイ
訳者　武田宙也
発行者　渡辺博史
発行所　人文書院
〒六一二-八四四七
京都市伏見区竹田西内畑町九
電話〇七五(六〇三)一三四四
振替〇一〇〇〇-八-一一〇三

印刷　創栄図書印刷株式会社
装丁　間村俊一

武田宙也著

フーコーの美学
――生と芸術のあいだで

四一八〇円
（本体＋税10％）

マキシム・クロンブ著／武田宙也、福田安佐子訳

ゾンビの小哲学
――ホラーを通していかに思考するか

二六四〇円
（本体＋税10％）